珠宝玉石投资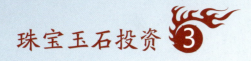

中国玉雕名家

技巧与投资

徐军　主编

云南出版集团公司
云南美术出版社

图书在版编目（ＣＩＰ）数据

珠宝玉石投资. 3，中国玉雕名家技巧与投资 / 徐军
主编. — 昆明 : 云南美术出版社，2012.1
ISBN 978-7-5489-0665-0

Ⅰ．①珠… Ⅱ．①徐… Ⅲ．①宝石－投资－基本知识
②玉石－投资－基本知识③玉器－投资－基本知识 Ⅳ.
①F768.7

中国版本图书馆CIP数据核字(2012)第001202号

责任编辑：师　俊
策　　划：师　俊　李　蔷
封面设计：徐　晨　李　啸
摄　　影：徐　晨　李　啸
作品点评：徐　军
配图文字：徐　军　李　蔷

书　　名	珠宝玉石投资3——中国玉雕名家技巧与投资
主　　编	徐　军
出　　版	云南出版集团公司　云南美术出版社
发　　行	云南美术出版社
社　　址	昆明市环城西路609号　0871-4107562
邮　　编	650034
网　　址	www.ynpph.com.cn
E-mail	rmszbs@public.km.yn.cn
开　　本	787×1092　1/16
印　　张	8.5
版　　次	2011年12月第1版2012年1月第1次印刷
制　　版	昆明南舟文化传播有限公司
印　　刷	昆明美林彩印包装有限公司
书　　号	ISBN 978-7-5489-0665-0
定　　价	78.00元

总监制：佘定常　范成瑜

主　编：徐　军

主　办：广东省珠宝玉石首饰行业协会

　　　　云南出版集团公司

　　　　云南美术出版社

理　事：广东省珠宝玉石首饰行业协会

　　　　广东省珠宝玉石标准化技术委员会

　　　　广东省技术监督珠宝玉石与贵金属产品质量监督检验站

　　　　广东省平洲市珠宝玉器协会

　　　　广东省深圳市真牌珠宝金行有限公司

编　委：佘定常　范成瑜　梁晃林

　　　　邱梓桑　吴锡贵　胡延明　徐　军

地　址：广州市东风东路739号地质大厦广东省宝协

电　话：020-87660836

联　系：xjfeicui@yahoo.com.cn

　　　　15808818130

目 录

点评赘语

　　股市、楼市、黄金暴涨；贪官抢劫、假酒假药、空气污染。哦，如此喧嚣、躁动孰非圣人，某日鬼使神差般翻阅尘封已久的《文艺复兴欧洲艺术》，心中倏然一震：莫非时下正置翡翠艺术的伟大变革中！

　　堪比欧洲文艺复兴的伟大时代！？

　　依我浅薄所知的简单对比：欧洲文艺复兴时期铺天盖地的大批辉煌的、蔚为壮观的建筑孕育出至今仍令人顶礼膜拜的雕刻艺术，而今神州大地崛起的高楼大厦总量有过之而无不及，试看和田玉、紫檀木、田黄的价格就知道雕刻艺术之旺盛，而翡翠当执牛耳。自盘古开天地，从未有过那么多人喜爱翡翠；从未有过那么多能工巧匠投身于翡翠雕刻；从未有过那么多的翡翠原料供应，特别是优质翡翠；从未有过那么多的翡翠城、翡翠展览、翡翠大赛；从未有过那么多的翡翠大师，人数超过建国60多年来各艺术门类大师的总和，当然不乏像人参的小萝卜。

　　最重要的是，从未有过那么多的优秀作品问世！没有，从未有过，从翡翠问世那天起，现在是无与伦比的翡翠盛世！

　　曾记否，慈禧太后视为至爱的翡翠白菜，现时论材料的珍贵超过那棵白菜的比比皆是。不用当太后，七品芝麻官的都比那漂亮！

　　我不知晓，欧洲文艺复兴时期的艺术理论是同步发展，还是紧随其后，翡翠艺术理论的发展显然滞后。虽然有那么庞大的创作队伍，有那么多的展览和比赛，有那么多的刊物和报纸，有那么多的各种称谓的专家和大师，但迄今未见翡翠雕刻艺术的完整阐述，或是对翡翠雕刻技巧发展的阐述。如田黄有六德之说，牙雕也有专著论述，翡翠雕刻与其他雕刻有何不同，又有何共同？探讨此问题是否有利于翡翠的发展？我愿抛砖引玉提出翡翠雕刻的四大特点：

1. 精细工
2. 调水
3. 翘色
4. 镂空

肯定会有人斥之，这怎么能说是翡翠雕刻的特点？那什么什么玉也怎么怎么调。期待赐教。

徐 军

2011年12月16日

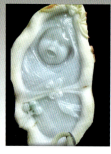

董春玉

人物肖像雕刻技巧漫谈

　　董春玉，祖籍河北，1972年出生。1993年毕业于河南南阳理工学院工艺美术系玉雕专业。曾先后在南阳、广州等地玉雕厂、骨雕厂出任雕刻和设计工作。2009年在云南瑞丽成立春玉玉雕工作室。

　　多件作品曾多次获全国玉雕展（赛）大奖。

　　作品投资价值预估：作品风格独特，广受赞誉，特别是人物造型，独步青云，为翡翠人物塑造中的佼佼者。作者自立门户仅两年，市场上作品稀少；作者正处年富力强，激情洋溢、才华喷涌的黄金时期，作品未来升值空间可期。

春天

几滴翠绿，一张年轻娇美的面孔；几滴春雨，万木复苏；
哦！无人拒绝青春，老人愿用尊贵的权位换取。

点评：

　　初秋的瑞丽，街头巧遇摩伕先生，他热心热肠拽我去吃饭，说给我介绍朋
友。这饭一吃就是两天，陌生的面孔也见了不少，但无奈，本人不善应酬，杯盏
之间更是头昏脑涨，懵懵懂懂，根本就没记住几张面孔。倒是最后一餐，相聚水

慈祥

　　儿时你把天捅破了，她手高高举起，轻轻放下；长大了你飞
黄腾达了，她静静地、远远地望着；纵使某一天你身败名裂，唯
有她的形影相随，轻轻地、轻轻地把你唤醒。

　　上竹木餐厅，竹窗外刚刚下过一阵暴雨，大地腾起一道巨大的彩虹，赤橙黄绿青
蓝紫，悬挂凤尾竹梢上，摇摇曳曳令人心旷神怡。就这会儿，有个年轻人隔桌送
过一张名片，我随意瞟了一眼，瞬间忘了窗外的彩虹，转而关注他彩色名片上的
一组玉雕图像，心里腾起一个疑问：这是他雕的？

情韵

人与大海

　　这年轻人就是董春玉。

　　读董春玉的作品有个强烈的感受，他的人物造型不是传统的玉雕师傅手手相传带出来的那种风格，而是引导你朝意大利文艺复兴时期的雕塑上想。无论是民族少女，还是慈母，即便是裸女，都能让你感受到西方人物雕塑的影子。写实

女孩

的味道很重：轮廓分明，线条清晰，相貌周正；五官位置准确，表情率真，情感流露自然；神情阳光，造型逼真。

　　这不由得让人想起古希腊和意大利文艺复兴时期的雕塑。古希腊最早的《克里奥比斯》男子裸体立像就是人物形体平整，面部略带微笑，给人平稳、宁

鸽子与少女

欢笑的音符

轻轻地吹

的工厂，按照外方下单的要求，干了十年雕塑和模型制作，因此，他的玉雕作品明显地烙上了西方雕塑的印迹。特别是《慈祥》的表现尤为突出。

董春玉似乎是一个"唯美"主义，老人也罢，小孩也罢，不论种族，他们的脸上都洋溢着一种美感，除了自然流露的外在笑容，还有发自内心的甜美的情

嫣然

感，善良的心态，秀美的仪端，涓涓的清纯的情感自然倾诉。从这一张张面孔中我们仿佛听到了许多美好的声音，如鸟语啾啾，如溪水潺潺，如雾中婉转的歌声。

倘若是其他物种的雕刻艺术品，或许并不值得大书特书，可这是翡翠雕塑，是硬度超过花岗岩、大理石等等玉和石头的、价值昂贵的翡翠！在盛行师徒

端庄

透光效果

相传，作品雷同的翡翠界，董春玉的作品确实让人眼前一亮。翡翠界有个说法：人物最难雕，人物作品价高一筹。甚至经常可以听到某名家观音的脸，是请某某开的。观音的脸相从某种意义上是衡量翡翠雕技高低的一道坎，把握观音的神情，也就是人物的神态很难，这才有了名家请人帮忙之说。董春玉自己常说：人

四张不同笑脸的嘴形

物雕刻分为三个层次：一是雕出人物，二是雕出人的神态，三是雕出活的人。他自称正朝第三个层次努力。为此，我选择了他的大都是微笑神态的人物作品进行分析。让我们看看他是如何把握造型的。

1. 嘴的曲线比眼睛重要

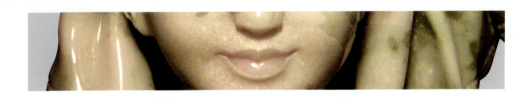

四张不同笑脸的嘴形

　　描绘人的五官中有个被公认的定律，眼睛最传神。无论是国画还是雕塑，谁也不敢小觑眼睛的传神地位。但是，读董春玉的作品，你会发现，嘴比眼睛更能传递主人翁喜悦的情感。让我们把这10个人物的嘴形放在一起审读。

　　从以上图形可以看出嘴角的曲线对于笑的表达是多么重要，要雕出张笑

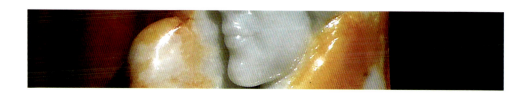

四张不同笑脸的嘴形

　　脸，你可以忘了眼睛，不可忘了嘴巴！其实老百姓早就发现了这个规律。老百姓愿意用嘴来形容笑。如"笑得合不拢嘴"、"嘴角笑得像月亮"等等。

　　董春玉还有一组作品对嘴的不同处理，神情完全是另一副模样，或许可以供我们从另一个角度来审视。

法国少女

太困啦

我醒了

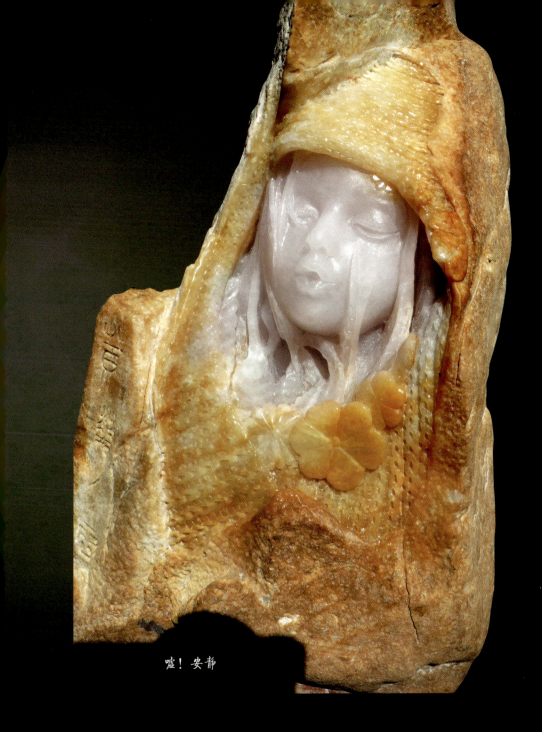

嘘！安静

谁研究出鼻子对笑有何贡献？颧骨的高低对笑不可忽视。

看到前面的几幅图片你一定会大吃一惊，尚在襁褓中的婴儿，也会用嘴来表达形态。你认为表达形态是眼睛重要，还是嘴重要？

2. 颧骨的"高低"对笑的作用

如果从嘴往上看，那就是鼻子，虽然它位于面部器官中的高位，但我真

四张笑脸的颧骨表现

研究不出鼻子的喜怒哀乐，鼻子对笑有何贡献只好有待高明者来阐述，不过鼻子两侧的颧骨引起了我的注意，它们的"高低"对笑的影响着实不小，让我们把它们单独排在一起看看。

看看这些颧骨的"高低"，你就会发现没有颧骨的人为何让人难受、别扭。

四张笑脸的颧骨表现

只有当他们笑的时候，颧骨被肌肉"推高"了，这时候才自然。当然颧骨的"高低"与生俱来，难道颧骨低的人就不会笑？再次声明：没有嘲笑生理缺陷，这里所说的"高低"是指人笑时由于肌肉的拉动使颧骨形成的高低感。人笑时肌肉高了，颧骨自然就低了。

四张笑脸的眼睛表现

3. 眼皮的高低、长短和眼窝的深浅比眼珠重要

可能许多人都记得一句话：他有一双会笑的眼睛。可会笑的眼睛是靠瞳仁里的液体和光波在起作用，翡翠纵然是玻璃底，也是凝固的，雕不出秋波和媚眼。不过读董春玉的作品，你会看到眼皮的高低、长短和眼窝的深浅会对人的神情起

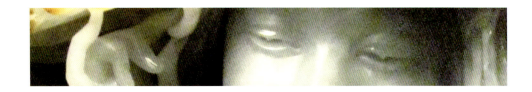

四张笑脸的眼睛表现

到莫大的作用。特别是在颧骨和嘴角的配合下。由此我们是否可以注意：眼珠在表达情感时是需要眼皮的配合；眼窝的深浅与眼珠表现的关系；眼皮细长和眼睛大圆的人表达神情时的不同表现。

眼睛真不愧是心灵的窗口，即便是它没有液体，它一样会眉目传情。眼皮

四张笑脸的眼睛表现

的高低大小，眼眶的长短，眼窝的深线，瞳仁的大小，都对人的神情起着至关重要的作用。我有个想法，凭借翡翠的灵性，翡翠作品的眼睛一定会熠熠生辉，或许在不久的将来，评价人物雕刻的优劣，就是看作者能否雕刻出一双活生生的眼睛。

包头女孩

除此之外，在这一组人物肖像的造型创作中，董春玉非常重视氛围的渲染和烘托。《欢笑的音符》最为突出，五根随意划过的线条，几个回旋的波纹，在女孩的笑颜下，让你感受到笑就是最优美的音乐。这个构思的最大特点是自然、简洁，没有刻意的突出、渲染。

《人与大海》则完全不同，女孩头顶贝壳，胸前游过小鱼，四周是珊瑚和水下动植物，给人几分神秘和斑斓的感觉，这与女孩的微笑融为一体。

《鸽子与少女》则是刻意追求翘色的效果，直截了当，毫不掩饰。即将红色装饰为鸽子的眼睛。虽然那红翡仅仅豆大，寥寥几点，却有画龙点睛之功效。这要求作者有很高的构图布局能力。那寥寥几点使女孩的微笑有了注释，并产生深刻的含义。

鄂伦春之秋

聚精会神

　　再看《情韵》、《轻轻地吹》、《包头女孩》、《嫣然》等，尽管董春玉都是在包头式的饰物上下工夫，造型不一，色彩各异，但效果相同，即恰如其分地烘托了主人公的笑，并使那笑容有了言简意赅的注释和丰富的内涵。

梁容区

格式塔构图布局技巧

　　梁容区，广东省阳江市人，1973出生。1993年进入翡翠行业。其《如虎添翼》、《盘古之斧》、《悟道》、《慈航观音》等十余件作品，荣获"天工"奖、"神工"奖等全国玉雕大展（赛）金奖。其作品的影响远在其任广东平洲玉器协会玉雕文化促进会主席、中国工商联玉雕促进会副会长虚职之前。其作品激情如瀑、奔放不羁、才气横溢，使之成为当代中国年轻一代玉雕艺术家中的佼佼者。

　　2011年荣获广东省技术能手标兵称号。

　　作品投资价值预估：作者有较高的知名度，是21世纪初期翡翠雕刻中青年艺术家的代表人物，有较好的收藏价值，升值空间可期。

绿宝石达摩

化一苇渡江，画一壁九年的大慧，终为五
叶之花祖，在我们混沌的心界掘出一注清流。
夜阑人静，独坐观心，穿越时空的触摸，
物空心不空。

读《绿宝石达摩》

梁容区

读这件作品，人们都会由衷称道：构思大胆，布局巧妙，翘色如神。就那么一点绿色，不费毫厘，放置额头，显示出材料的品位和人物的高贵，堪称画龙点睛之笔。而黄红色的头箍，黄色的眉毛，连同胡髦及脖颈上云纹装饰物，浓墨重彩，挥洒自如，物尽其用，且恰到好处。

但若换个角度，找个专挑毛病的人审视呢？我们不妨试一试：头箍怎么只有半截，既是箍，必定要绕一圈，怎么只有脑门上有？再看头发，明明左额有卷发，怎么右侧不见踪影？还有耳环，左侧耳环大且清楚，右侧又是杳无踪影，即便是角度所致，怎么也要交代一下吧？诸如此类，还有唇下的胡须、脖颈处的云纹装饰物等等。可为何没人发问？为何无人责难？为何人们还要称道？这种称道不是虚与委蛇，而是用市场行为来肯定的。个中奥妙何在？

解答的钥匙或许就在格式塔技巧的运用。

《西方文学批评术语词典》中对格式塔的注释是：物理、生理或心理的一种结构。由于这些现象特殊的构成和关联方式，其整体结构所具有的属性并非来自各个组成部分或他们的简单综合。有些文学批评家，其中包括赫伯特·墨勒，认为这一理论承认在逻辑分析之前可以先有具体的经验。

著名的美国学者阿道夫·阿恩海姆说的更好懂一些。他在《视觉思维》中说：格式塔就是"完形"，但这只是指客体本身的性质，而格式塔所说的形，是经由知觉活动组织成的经验中的整体。换言之，格式塔心理学认为，任何"形"都是知觉进行了积极组织或建构的结果或功能，而不是客体本身就有的。

这么说可能还是会让人不理解，依我的肤浅领会：格式塔重要特征之一，就是能将人们视觉中并不完善的某种图案，根据自己的经验进行完善的心理表现。

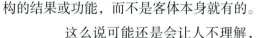

格式塔对此使用的语言是"刺激物"、"简化"、"倾向"、"完形压强"、"完美简洁"等等。正是格式塔的作用，当梁容区大胆地在达摩的头上留下半截"头箍"时，无人感觉诧异。那颗绿色的宝珠也不会让人感觉唐突，左侧的耳环并不会让人们拿着放大镜去寻找右边的耳环。因为读者知道哪些符号代表什么，他们会将没有雕出的部分自动在心理完成。

掌握和运用格式塔的神奇作用，对于因材施艺的翡翠来说，无疑是至关重要的技巧。如果梁容区不使用这种技巧，（无论他是有意为之，还是仅仅凭经验行之），纵使这件作品的雕工再精再细，也只是一件精工作品，而不是一件神采四溢的特点鲜明的艺术佳作。大胆使用格式塔的完形心理暗示，绝非是局部的锦上添花的小伎俩，而是贯穿整个作品的大思维。正是格式塔的神奇作用，梁容区敢于大面积的雕出脖颈上的纹饰，他可以不管不顾右下唇的胡须色深，左下唇的胡须色浅，仍旧雕出胡须。特别是额中、也就是整件作品的重要亮点的那颗绿宝石，不管不顾不作任何交代地镶在最中央。正是这颗绿宝石使达摩的形象无论是造型还是色彩对比都更上一层楼。

有句老话：艺高人胆大。创作要创新，就要有胆魄，这不是雕技所能解决的，了解一点格式塔或许能猛虎添翼吧。

读《红霞观音》

有患者问某名医：何病最难治？名医答：感冒。吾既不能令其速愈，亦不能根除。名家大师创作观音、佛公雕塑等常见题材时，可能也会有同感。司空见惯，已经成为模式的题材的创作，远比一件复杂的材料、一个复杂的题材更需要创作灵感。

《红霞观音》就是一件成功的佳作。

先从构思说起。这块红皮料，长约10.5cm，宽约5.5cm，厚约1.5cm，整料似橄榄球形，不规则。按时下的做法，要么雕红皮，白肉为底，要么雕白肉，红皮做底。题材以花鸟虫鱼、或龙或凤为主。梁容区却构思了观音头像，在一件红色氛围中得观音头像。众所周知，塑造观音的基调是：安详、恬静、静悟，如此，大多选择白色和绿色。而红色代表的氛围是什么？热烈、华丽、喧闹。可梁容区偏偏反其道而行之，选择了观音头像。这不是几个厘米的小料，全料长达10厘米以上，偌大的红色是遮不住、躲不开的，却又不在正面，它一定会顽强地表现出来，甚至是喧宾夺主。同理，既然要保留红色，那就必须发挥红色，可观音是安详的、淡泊的、智慧的，她不屑世间的繁华喧闹，视一切光怪陆离为浮云。她总是一袭洁白的轻裳，低垂的眼帘，淡定的神情。而今梁容区要将她"浓墨重彩"会是什么效果呢？

红霞观音

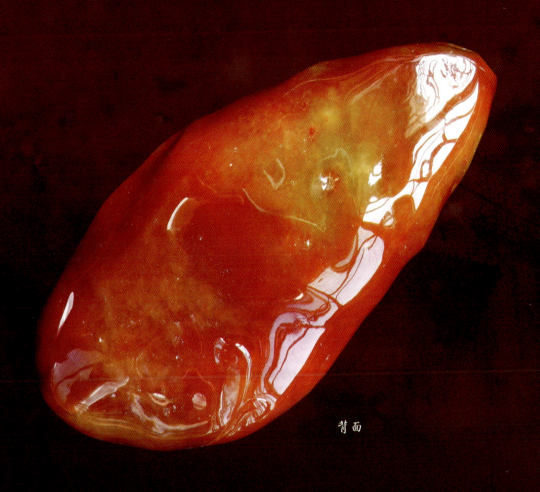

背面

    这块料的顶端，约占全料六分之一部位的肉是黄红色的，这是最难处理的。弃之，可惜；用之，棘手！而梁容区构思的最关键之处，也就是在这个最难处理点上。我没同梁容区讨论过，这个位置是否是他构思的"眼"，这个"眼"有了，全局都活了。

    试想对顶端的六分之一的处理：一是掏空，露出红皮，兴许是上策；二是切掉，最省事，恐为下策；三是雕点什么图案花纹，又似不伦不类。梁容区的处理是：对称的折纹，似黄红的披巾纹，自自然然，又颇为讲究的，也可以解释为红霞，也可以想见是红冠。如此的作用是：一是从头顶垂下的红色与背后的红自然衔接，并贯穿下去，对大片的红有了解释；二以全图布局看，不仅是有了色彩的层次，还有了图案的层次；三是整个构图超凡脱俗，披着红霞的观音不同一般！

切掉顶端的效果图

　　梁容区别具匠心保留了顶部的六分之一的黄红色，又将观音脸颊两侧的红抠出来，显赫地摆放两侧，并且将耳垂两边也掏空，露出红底来。这恐怕不是简单地为造型而保红，也不仅仅是为了造型的高低位，为落差而造落差。他是在寻找红色，他要红白的对比，他要彰显红色，他创造的就不是一个司空见惯的"冷面"观音。问题是读者会将那红色的折纹看成什么？他们会认可那是红色的披巾，还是红色的霞光或是红色的王冠。特别是红色又从脸颊漫下来，又从耳垂下过来，他们会不会向艺术家的反向去想？他们为什么不会朝坏的方向去想？谁来统一人们的思维认识？

格式塔是艺术家最忠诚的守门人，他会堵住那道同艺术家背道而驰的后门，而敞开那道通往艺术殿堂的大门。格式塔的一个重要作用，就是调动人们的完美或是美好的心愿的心理，根据自己的经历积淀，甚至是潜意识中得感觉，特别是在艺术品面前，朝着完美的境界去完善自己的认识。在这里红色象征什么？神圣、华丽，相同物体是红霞、红绸等等。将这美好的氛围同圣洁的观音头像融为一体，那是多么美好的画面！

还是让我们分析实物吧：如果原料顶端的六分之一位置去掉（见附图），那这件作品失去了什么？没有了暖调，也就没有了亲和，没有了深邃的涵义。观音头像作品会淹没在柜台里的千千万万尊观音头像中。只有有了黄红色，这尊观音头像才不一般了：首先不是冷漠的面孔，而是透着亲和暖调的氛围，其次是观音不再仅仅是圣洁、朴素，而是平添了几分华彩、神圣、隆重和祥和。当然，造型亦不再"千人一面"，不再雷同。如此，脸颊两侧红黄色，耳垂下的红黄色就不再是可有可无，而是匠心独具的构思，是对上述艺术构思的阐述和呼应。对于这样的艺术创作，读者自然心领神会，他们会同作者一起陶醉在充满创意的艺术享受中。

自然主义是客观地、如实地反映生活，浪漫主义则强调作者的主观创造性，最大限度的表达作者的想象力，演绎作者的情感，用色彩发军艺术联想，这就需要格式塔技巧。观音在中国老百姓的心目中有她传统的形象，甚至可以说亘古不变，但是，艺术家们也在悄悄地、缓缓地丰富她的形象。纵览历代观音形象的微妙变化，不难发现任何朝代都有艺术家不墨守成规，不简单地临摹，而是将自己的激情与才华倾注在自己的艺术作品中。而读者的格式塔心理中也在不断丰富，许和艺术家们共同创造美妙的艺术世界。

陈允嘉

广东玉雕界的黑马

　　陈允嘉，1984年出生于广东省佛山市。1999年从事玉雕业，其间曾经入伍三年。2010年广东省首届玉雕技能大赛前八名，荣获广东省技术能手称号。

　　作品投资价值预估：作者年纪轻轻就显露出卓尔不群的艺术才华，从技术上看，陈允嘉正处于上升期，其作品价格处于低位，未来上升前景可期。

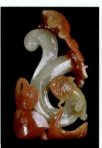

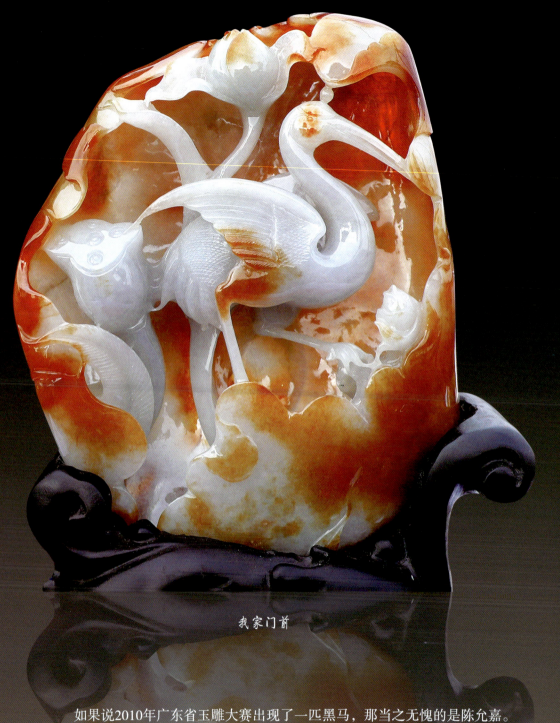

我家门前

　　如果说2010年广东省玉雕大赛出现了一匹黑马，那当之无愧的是陈允嘉。其一，在经过层层角逐比拼之后，最终杀入前八名获得广东省技术能手称号的获奖者中，陈允嘉年龄最小，仅27岁；其二，实际操作的工龄最短，仅仅7年，大多数参赛者都有20年至30年的雕刻经验；其三，财力最单薄，既无公司，也无工

双龙戏

作室，甚至连个正经的帮手也没有，完全是个人在家中做一件，卖一件。就是这样一位"摆摊"的年轻人，却能在高手如云的首届全省比赛中脱颖而出。他的作品就不得不引起人们的关注。

美人鱼

一、大启大阖，以势造型

　　流行的说法是首饰起源于原始人，他们将各种形状的小物件串起来，挂在身上增添威武或是其他什么意思，而雕刻则是从古希腊、古罗马的建筑中成长起来的。当建筑艺术登峰造极时，雕塑也就成熟起来，独立成支，人们欣赏建筑时

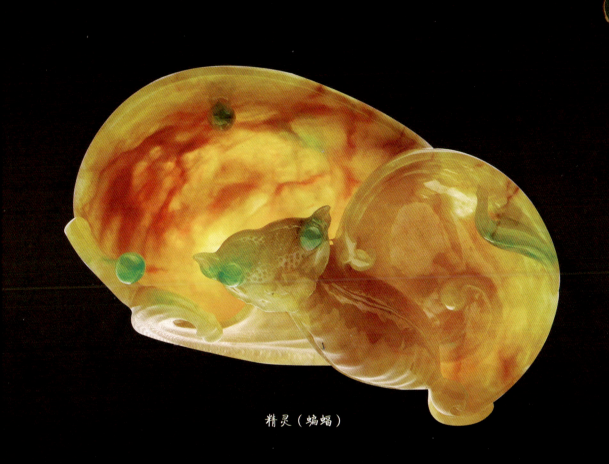

精灵（蝙蝠）

首先关注的是它的形状美，或许因为人们在欣赏雕塑作品时，首先也是审视它的
造型。陈允嘉非常重视作品的整体造型，似乎还颇有心得，那就是用作品的气势
来体现，并融汇于整个造型。

　　他的作品的造型大致可分为两类：一是循规蹈矩的构思，一是别出心裁的

双胞A

构图。如：《谁来保护我》、《我家门前》、《沙漠与龙》等等属于前者，而《正邪》、《美人鱼》、《精灵》、《古时候》、《双胞》等属于后者。但无论哪一类，都有一个共同的特点：以势造型。

《我家门前》的大面积镂空，一眼看去空灵剔透、精美绝伦，扑面而来。

双胞**B**

《古时候》则以庄重、威严、浑然一体且又神秘鬼怪，令人心生畏惧。

《精灵》的蝙蝠怪异、诡异、诧异，吸引眼球，让人在不解中求解、生

奇。而陈允嘉作品的这种"势"，完全依赖于其布局的大启大阖的"刀"法。

《我家门前》讲究的是"虚"与"实"的对立和映衬，用近实远虚的透视

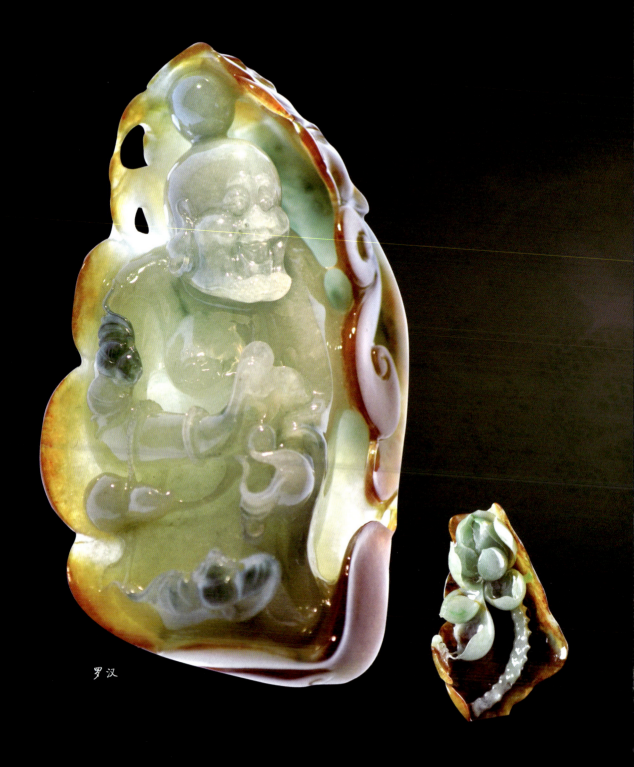

罗汉

关系，用白肉和红黄皮色彩的实与虚，用鹭等近物的实与远景底衬的虚所产生的立体气势，让人踏进精美绝伦的空间。附带说一句，陈允嘉的家就是农村并入城市的。《精灵》中蝙蝠是用微小的绿在大海般的黄红翡中腾空而起的强烈对比，来表现如沙漠中的水珠、万绿丛中一点红的艺术境界，这种强烈感染力要求作者

人世间本无鬼，只是心里有了鬼，才有了如此众多的魑魅；人世间本无怪，只是人怪了，世界才有了如此多的魑魅。

怪兽

首先要有大的气势追求。即便是用最简单的构图《思想者》来分析，额头与脸颊的粗线条和大朵大朵卷曲的头发与胡须几乎把脸都遮盖住了，仅剩下那一道道波纹组成的细眼睛和挺起的鼻梁。蓬松的头发和纷乱的胡须能说明什么？能有何意义？可正是这些"乱草"造就了大势，"压缩"出一道道细纹似的眼睛，给人庄严、沉思的感觉。

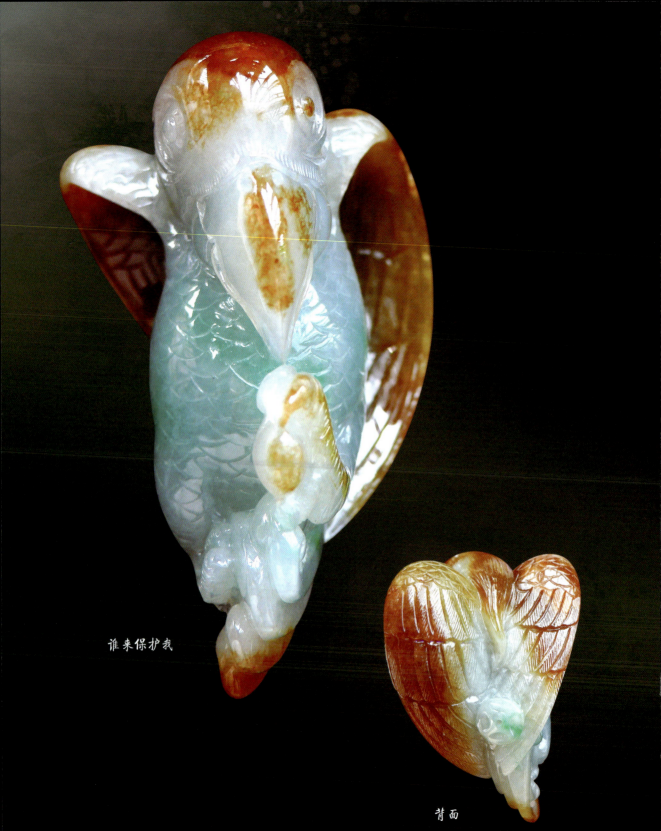

谁来保护我

背面

我只用一只脚

正邪

何为正，何为邪？

黑就是黑，白就是白？

倘若让美女都变成毒蛇，那毒蛇呢？

古时候（花豹子）

二、挖掘材质特点，雕出翡翠之灵性

翡翠雕刻与白玉、秀玉、独山玉等等玉雕类乃至木雕类技巧有何不同，至今鲜见论述，但由于翡翠原料的硬度、稀缺性等等因素，它与其他雕刻艺术品必然有所不同。有不少翡翠作品，甚至不少获奖作品，你可以称赞他雕得精美，但又

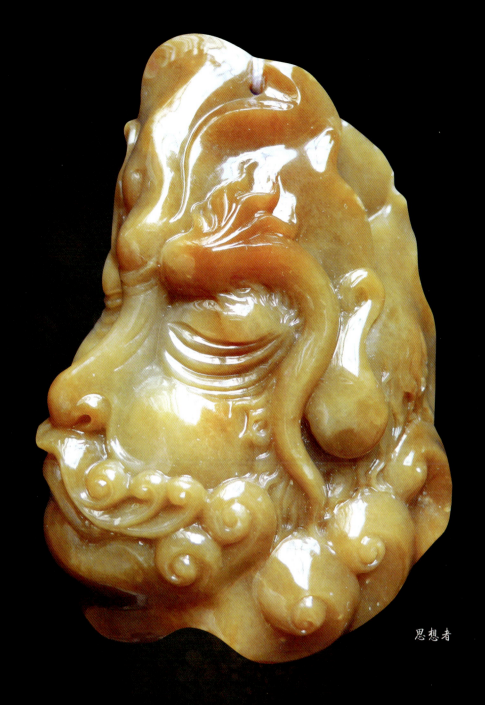

思想者

总觉得少点什么,那就是非翡翠雕刻莫属的灵性。我认为翡翠雕刻至少应该具有四大特点:一是精细工,二是调水,三是翘色,四是镂空。陈允嘉的创作往往就是通过上述四点来挖掘翡翠材质的特点,最大限度地发挥翡翠的美感。他主要是从两个方面来实施:

1. 从造型布局上着眼。如《谁来保护我》,大面积的红翡成为翅膀,黄白色成为爪子,白色成为鹰的腹部的主体,几抹淡绿自然而然地夹在腹部的白色

黄室

中。这可以说是最大限度地发挥了此块料的色的作用。再看《双胞》A、B，红色为底，白色作人物雕塑，非常简单的红白对比，却产生了非常强烈的效果。

《螳螂》是白色夹杂的绿色被非常巧妙地剔出来，充分展示，这为色上的螳螂增彩不少。翡翠材质的优点在构思布局时就得到了充分的重视，从而使作品在构思布局时就先下一筹。

2．从细微处入手。这里所说的细微之处，包含翘色、精雕等等技术手段。纵观陈允嘉的作品，我们可以看到，他是一个非常重视用技术来体现细节的艺术家。这样的例子很多，这些细节的展现很是吸引读者的眼球。像《古时候》尖利的牙齿、脚尖，像《精灵》中蝙蝠的绿眼，像《美人鱼》中红色的小鸽子，像《谁来保护我》的红翡的眼睛和《正邪》、《怪兽》中不同颜色的眼睛。不论是调水，还是镂空，还是翘色，还是精细的刻画，这些细微处彰显了作品的感染力，使作品活起来了。

三、锐意求新，不断开拓。

这里的十多件作品，仅仅是陈允嘉近年来创作的一个缩影，但就是这十多件作品，既有完全写实风格的作品《谁来保护我》，又有抽象的《精灵》、《古时候》，还有怪诞的《美人鱼》，这些不同风格、不同手法的作品，说明陈允嘉积极创新，不断尝试改变自己的向上的追求。特别是除了创作题材和表现形式上的追求和探索，从作品的名称上我们也可以感受到陈允嘉积极追求、大胆尝试的强烈愿望。如《谁来保护我》刻画的鹰，让人马上想到要保护自然环境和动物，《沙漠与龙》也能让人们马上联想到沙尘暴和水。《我只用一只脚》的螳螂，待你看明白它用左爪抓住蝉后，你会会意地想笑。这样为作品命名改变了传统模式，作品的内涵得到了扩张。

在一个商品社会，谁都知道走一条成熟路那是最安全、最容易见到经济效果的。我能把观音的面相雕好，我就天天雕，反正不愁卖。而要不断否定自己，不断创新，这是要冒失败的风险的，是难能可贵的！

王 军

怎样雕活人物

　　王军，著名玉雕艺术家。1963年出生于北京。父亲就职于北京玉雕厂，爷爷是荣宝斋的鉴定师。王军1982年高中毕业后进入北京玉雕厂，后考入北京设计学院雕刻专业深造4年。曾参与被称为"四大国宝"之一的《岱岳奇观》的创作。1990年独立创业，现在云南瑞丽发展。

　　作品投资价值预估：作者功底深厚，技艺精湛，是业内少有的既有资历，又有科班文凭，且是老北京玉雕厂出来的人才。目前有这"三重"身份且还能冲杀在第一线的少之又少。作品未来升值前景可期。

原作·修改前

修改后未抛光

　　常有朋友问我：怎么区别一件作品的雕工优劣，同样的原料到了不同雕刻者手中，真会有那么大的区别吗？于是，我就想到给王军出一道难题：看看雕刻大师与普通雕工技巧的区别。2011年10月某日，我随随便便在瑞丽专售旅游产品的小店里，买了一件《老寿星》，价格是350元。这件作品长11.5cm，宽5cm，厚2cm。

老寿星

58

这件作品不用多说，最大特点是平。相貌平平的，体形平平的，工艺粗粗的，材料普普通通的，像岩雕。买它的时候我看中它的是黄翡厚实，还有隐约的几点绿，和它的那些缺点。当天下午，我到工厂找到王军，说：这件东西买砸了，看怎么弄弄。

王军把玩了一下，说：您是要手把件，还是摆件？

我说：您看着办，怎么都行。

说话时，旁边有个开翡翠店的老板，他也拿去看了一番，忍不住说：雕的是人物，怎么改，改成山水？

我没搭腔，径自对王军说：大后天给我怎么样？

王军笑：行，误不了您。

过了两天，王军来电话：过来看看行不行，有没有哪要动？我要上细工了。

我匆匆赶去。待看了作品，我就只想说一个字：行！

《老寿星》活了！

（附修改后的《老寿星》）

首先是老寿星的五官，不再是眼睛、鼻子、嘴不分高低贵贱、平起平坐，且眉毛胡子一把抓。现在眼睛、鼻子、嘴该高的高，该凹的凹，各有其形了。其次是那硕大的扁头，也人模人样，是个脑袋了。原先那老寿星的胡须真够长，从下巴飞流直下，直直的，铺天盖地把什么都遮住了。现在胡须有起伏，有分岔，还有了手、有了胸，有了衣襟，老寿星还手抚胡须，神情怡然自得。两侧的蝙蝠、仙鹤和后背的如意也都清晰可见。还有一点引人注目的是翘出"绿色"！黄翡的底也鲜亮起来，大有了黄加绿的味！

让王军这么一收拾，不要说这件作品，光是这块料就不是300块钱的事了！

有位朋友知道了此事，拿了一块满豆色的料，请王军照模样雕个寿星。

这块料的雕技暂且不提，让我和见过此块料的朋友至今也想不明白的是，原先明明是典型的蚕豆绿（即淡灰绿），怎么雕出来竟然奔绿色去了！豆绿的底不见了！

王军

象象素腰、霞衣拂云，在一次次旋身的轻盈里，逸出段段荷香。

千古清绝，至此不再。

反弹琵琶

透光拍摄

　　还是回到正题上吧，王军的人物是怎样活起来的，让我们剖析一下王军的
《反弹琵琶》。

　　"反弹琵琶"原是"敦煌壁画"第112窟伎乐园中的经典名作，自古以来该
题材演绎作品众多，王军的翡翠《反弹琵琶》巧妙发挥翡翠材质和雕刻的特点，
同时吸收西方雕刻技巧，塑造出一位秀美、纯真、英姿勃发的女子，首先王军
独具慧眼，选中莫西撒场口的老料：种老，水足，冰底中几分朦胧几分清晰，
如一瀑淡淡清水。与题材相配，清水、绿草、嫩柳；少女、曼舞、轻歌；情景交
融，相得益彰。

　　王军说老北京玉雕厂有句名言：死人替活人说话。即作品是雕刻师的代言人。王军的雕刻艺术追求一个字"活"。试看王军是如何让作品活起来，除了众所周知运用"S"造型让舞者形体产生动感，王军大胆使用"绸带"强化、烘托舞者的"S"形体态，制造了多个"S"，以强化主体的动感。

　　首先是舞者左臂扯动的绸带造成了巨大的"S"，从高高扬起的头部直至脚部，好比给身体的"S"镶了一个闪亮的外边。绸带雕刻得细且突凸，翡翠特有的晶莹剔透大大加强了立体感。而右手臂下的绸带又形成一个"S"，同左手臂下的"S"，一前一后，一大一小，使人物形体的"S"突显，仿佛绸带舞动一般。绸带在舞者脚边形成横向"S"，则有"破题"的醒目作用。而左下肢的"S"造型，从小腿到足尖，使舞者仿佛伫立在一个弹簧上，摇摇曳曳、翩翩跹跹。除了将"S"形用到极致，王军大胆地大量使用多种"L"形拐角形态。谁都知晓"L"形直愣、刺眼，破坏美感，雕刻人物尤其忌讳。圆润才容易出美感。但是，王军看到了正反"L"是最能体现力量的形态，并且有不稳定的醒目感觉。王军将它倾斜使用，这就有了"活"的气氛。王军的《反弹琵琶》从上到下使用了多种"L"形态：如右手托琴的手拐，右腿抬起的膝盖，右脚尖勾起的脚趾。如果细看，从横抬的右腿到竖起的右臂，乃至返伸到右手指，是否也是个大"L"形？再看左侧，从左臂到左侧腰间，也隐含着一个"L"形？再看从左下肢到足部，是否也是一个"L"形？王军不仅没有将它们圆润化，毫不遮掩地自

媚多姿的舞者跃然呈现。

有了大"形"还必须有细节。有种说法不知是否准确：西方绘画雕刻注重人物衣衫的纱质感，玉雕则雕出布质感。布质感实则说对人体点到为止。且不论此种说法对否，现实玉雕人物确实是"布衣"者众。壁画上"反弹琵琶"的舞者是写意的，人物是"一"字眼，裸露上身，王军要在翡翠雕刻中表现出"纱"的感觉，就必须在舞者的脸、胸、腹和脚尖等赤裸的部位上下工夫。为了使面部鲜明，层次感丰富，王军将舞者的面部安排成俯视的侧脸，这个角度本身就有动感。读者眼中的人物俯视的眼、鼻、唇，突凸，鲜活，表情丰富。再看胸部，胸衣起伏的曲线配上凸凹有致的胸部，效果鲜明，轮廓突出。对于腹部的处理明显有些夸张，半圆形的多条衣纹，松弛有度，再配上右侧夸张的抬腿动作，人体的质感跃然而出。至于脚尖的效果自不待言。传统玉雕塑造人物线条讲究的是脸部、胳膊、袖口，非常简洁，王军借鉴西洋雕刻用长线条、粗线条和多种形态的线条，突出人物立体感。除在腹部使用多层圆弧线，胸衣使用上下对称的起伏波浪线，在腿部、裤脚、绸带上大量使用粗线条与细线条搭配的技巧，增强人物的立体感和动感上都起到了不小的作用。如左腿裙裤的线条完全是素描的方法，追求动感。整个画面绸带对渲染气氛、烘托人物十分重要。王军对绸带线条的处理颇下工夫。数一数绸带的拐折处竟有6个以上，除左、右手下的绸带只打了一个折，左腰侧多是连折，特别是左腿下方竟然是3至4个连折。这些连折不直接产生美感，但对使绸带"动"起来却必不可少。正是这些技

巧为人物增添了巨大活力。还值得一提的是，舞者的面部等裸露部分，采用磨砂处理，增添了几分神秘感。

梁文斌

雕刻跳动的音符

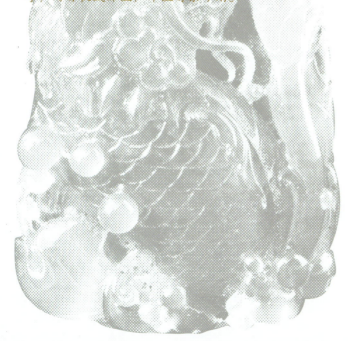

梁文斌，玉雕艺术家。

广东人，1967年出生，1988年从事玉雕工作。

平洲珠宝玉器协会玉雕文化艺术促进会理事。

作品投资价值预估：作者创作进入成熟阶段，其代表作如观音、龙头鱼等，均有收藏价值，升值前景可期。

龙头鱼

水浸碧天一瑶池，烟波渺渺，涟漪微泛。
明暗飘忽的霁色冷光，或空游无所依，或潜跃水成纹。
它是鱼却不老，它是龙但不飞，誓愿庇护弱小的生灵，直到地老天荒。

美妙的音乐必须有节奏感。美学家视世上一切事物的存在和彼此间的关系的差异皆为节奏。造型艺术的节奏有形象节奏和非形象节奏，而作为翡翠雕刻因其材质的特殊性，显然也有其独特的节奏感。这里我先谈谈成功运用形象节奏和非形象节奏创作的《龙头鱼》，然后再谈《观音在人间》的翡翠特有的节奏。

先说龙头鱼的主要形象节奏：主体的大S形的鱼与右侧并例的亭亭玉立的莲，粗细对比，反差巨大，形成极强的节奏感；牌端的云纹浪与牌末端的大波浪纹；圆睁的龙眼与尖利的龙牙；纤细的龙须与庞大的龙头；凡此种种无不涉及产生节奏感的多种要素，即：宽与窄、粗与细、锐与钝、长与短、轻松与沉重等等。再看龙头鱼背上晶莹的水珠与鱼身上网眼似的鳞纹，又产生了光滑与粗糙、整齐与破碎、凝固与流动的对比节奏感。所有的形象节奏"音符"构成了龙头鱼的强烈形象节奏感。

出色的雕刻师创造的节奏感，就如同出色的演奏家，每个音符都浸透着他的情感。雕刻师的形象节奏感的音符中往往也浸透着非形象节奏，即带有情感的节奏。如龙头鱼怒张的嘴与含苞待放的莲朵，形成粗犷与秀美、强壮与柔嫩的形象对比。柔细的龙须与尖锐的龙牙等等，这些非形象的节奏均包含着强与弱、刚与柔、豪放与严谨、恬静与热烈、温柔与粗野等等情感。当一个画面上同时存在或反复存在形象节奏或非形象节奏，就各自产生一对或多对矛盾，这些矛盾造成各种节奏，统一在一个画面中，即产生综合的艺术效果。梁文斌的"龙头鱼"的成功就在于充分使用和发挥造型艺术的节奏，将高高低低、凸凸凹凹、长的扁的方的圆的视为琴弦、琴键，演奏出美妙的节奏。

观音在人间

飘飘逸逸地来了，袅袅曳曳地近了……
为何人们总是在悬崖边想起您？为何人们总是在煎熬中思念您？
为何人们总是在绝望中紧紧地、紧紧地牵住您的手？
纵然世上已有刀，有枪，有核弹。
还是枉然。

翡翠雕刻特有的节奏或许是个新的话题，但又是老的技巧，许多高手都对此进行了探索，只是未见成文。即在节奏感中如何发挥翡翠材质的特点，使翡翠材质的特点更好地突出作品的节奏。梁文斌创作的《观音在人间》，成功地运用翡翠材质的特点，形成艺术品的强烈节奏感，使作品获得了完美的艺术效果。

首先是调色，运用色差形成节奏感。这块原料为莫西撒的老场石，种老，水足，莫西撒场口的石头是以水好无色著称，这块石头有粗大的色筋，由于水好，几乎可以辉映全石，通常的雕技都是尽量保色，但梁文斌没有吝啬难得的翠色，而是在局部"弃色"，用绸带、鱼、孩童、花瓣调色，弃绿为白，形成了观音的主体是绿色而陪衬物为白色的对比，使主体的人物形象突出，饱满，作品整体层次分明，节奏强烈，主旋律轰鸣回荡。这种调色所产生的节奏非翡翠莫属。

其次是用调水形成实空对比，一块料中有实又有通透的部分，也是其他玉雕所不具备的。围绕观音这一主体，梁文斌对绸带等等陪衬进行了大量的镂空处理，甚至包括主体观音的背部。如此，绸带、孩童、鱼等等都透明了，特别是背部的花瓣也透明了，不动声色中水被调出来了，主体与陪衬、粗细、高低、实实"空空"全出来了，节奏感自然鲜明且丰富。这种翡翠独有的节奏感，自然增添了作品的魅力。

最后还有要说的一点是，充分发挥翡翠材质的特点，创造艺术节奏的目的就是为了赋予、张扬作品的活力。从观音的神态，到观音脚下踩踏的荷瓣，还有翘起尾巴的小鱼，嬉笑的孩童，梁文斌无一不赋予他们一个字"活"，即让他们有动感。试看最容易被忽略的观音脚下踩踏的荷花瓣，叶尖一面高高翘起，尖尖还打个折，半隐半露、半青半白，仿佛正逆水而上，水流淙淙而过。毫无疑义，

修改稿

修改稿

70

原料

初稿

动态感是节奏的生命，也是玉雕的魂。

如此，说调色调水即可，何必非要强调是节奏呢？有位大师说过：当你还不认识艺术节奏时，它是"自在之物"，当艺术节奏为你所控制和创造时，才能成为"自为之物"，优秀的雕刻家必定是控制和发挥艺术节奏的"演奏"大师。

刘庆峰

翡翠翘色技巧点滴

　　刘庆峰，玉雕艺术家。1971年生于福建，1991年学习木雕工艺，后又学习石雕工艺，2002年起专攻玉雕，有多件玉雕作品获奖。

　　2010年入围广东省首届玉雕工艺技能大赛前八名，荣获广东省技术能手称号。

　　作品投资价值预估：作品特色鲜明，刀法娴熟，特别是对翘色塑造人物颇有过人之处。作品有收藏价值，升值前景可期。

长眉寿星

点评：

　　刘庆峰长期以来专注翘色，颇有成就。这里介绍的是他近期创作的4件小件，从中可以窥见翘色技巧。

　　一、翘色贵在用色要巧

　　《长眉寿星》的翡色不论是厚度，还是面积大小，在红翡的原料中都算不上什么，在不少雕工手里这块料很难处理，多数会简简单单选择面积较大的红翡部位入手构思、这原本无错，但不是匠心独具的作品。刘庆峰独具慧眼，巧妙地用红翡雕出两道长眉，于是整块料的红翡全活了，无论是顶端，还是下端，立刻都有了发挥的位置，而侧面的红翡就更容易发挥了。换个角度构思，那两条"长眉"被推掉也不足为奇。

　　正是这两道长眉，使整件作品上了一个档次，物尽其用，两道长眉的色也许并非整块料中最好的红翡，但两道长眉却具有很强的艺术感染力，带活全局，这就是翘色贵在用色之巧！

　　如此，是否还可以得出一个结论：翘色之巧，并非是将最好的色表现出来就是翘色的精髓，而是将色，哪怕毫不起眼的色，发挥到四两拨千斤的作用，才是最高境界。

闭月羞花

二、翘色贵在点题

翘色的色是否特指红翡、绿翠，最不济也是紫、黑、黄等有颜色的"色"其实不然，别忘了白色也是颜色中的一种，特别是在浓烈的大红大绿的色彩中，白色也自有风韵，用得好丝毫不逊于其他色。作品《闭月羞花》就是巧妙地用白色作为翘色的杠杆，红黄翡来做陪衬，收到意想不到的效果。这件作品最突出的一点是白色的掩面的人物是主题，这是作品的核心，从色彩对比上来说，红黄翡肯定比白色强烈、抢眼，可当读者看到那犹抱琵琶半遮面的娇美脸蛋时，主题蹦出来了，再强烈的色彩也挡不住那张半掩半露、含情脉脉的面孔。顿时，头顶上的黄翡云纹也罢，两侧的叶纹也罢，都是心甘情愿的陪衬。

农村中迎娶新娘是锣鼓喧天，大红轿子，大红盖头，色彩可谓强烈，但人们要看的是新娘的模样。翘色如果游离主题，那只是陪衬，是锦上添花；如果切入主题，就是作品不可缺少的骨干、核心、那就无论你是什么色，甚至无论大小、厚度，都能一锤定音，翘出一个鲜活的艺术形象。

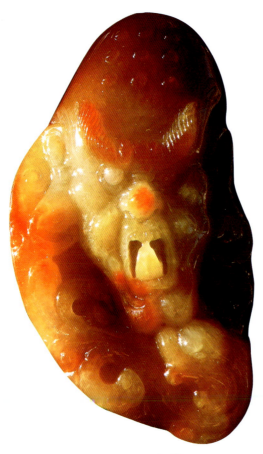

驱瘟神

三、翘色贵在随形

面对一块原料，常常会有局部让人兴奋，踌躇满志，但更多的是惋惜、焦虑：要么红肥了，要么绿瘦了；该长的短了，该短的又长了，颇为挠头。有经验的雕工都知道，很少有哪块料天生就是你想要的那个模样，翘色就是要把你希望的突出出来。你不可能让石头长成你想要的模样，但你可以依据石头的特点将你的构图进行随形处理，从而达到你想要的构图。《驱瘟神》就是通过随形处理，保留了原料的精华部分，又完成了主观意图，作品的艺术感染力得到了提升。

试看刘庆峰是如何随形的：首先是用上半部，即约占原料的二分之一的红翡构成了头部和眉毛；特别是"铲"式的头部，约占原料的三分之一，同下边的脸一样大，如此便保留了上端的红翡，并"点"出了九颗红戒疤，成了作品的亮点之一，使你不感到这头太长太怪。而两道红眉所占位置约有半张脸大小，在这样夸张的铺陈下，刘庆峰一反人人都注重的眼睛刻画，他将眼睛雕得深且小，只留了一个大红鼻头和大的蜷缩起的舌头。这样变异的结果是人物的狰狞、凶狠、古怪全出来了，那双非同一般的小眼睛反倒更有力度了！

如果没有随形的处理，大头、小眼睛、尖舌的不成比例的夸张，这块料不能如此完整的保留和发挥，也不会有这个艺术效果。我们不妨想象一下，按常规方法处理，此件作品会是什么效果？

南宋走来的不止是优雅的词赋，还有这非俗非僧非凡非仙的和尚。「醺醺然，酣酣然，果然醉了一生，昏昏然，沉沉然，何尝醒了半日。」道尽人世真机。恣意放浪的只是形骸，睿智诙谐尽在谈笑间，唯有息人之净、救人之命才是他的真人赤骨。

济公

四、翘色贵在写意

如果仅仅是把色留下、用上，这算不上翘色，所谓的"翘"就是突出，就是重点，因此它必须有某种意义，或是说点什么或是让人想点什么。无论是那一点色，还是断断续续的，连接起来以后，有意有味方有彩头！让我们看看《济公》的翘色：帽子上的铜钱符号、右手中的破扇，左手的佛珠、左脚上的破鞋。这些都是济公形象的标志性的代表符号。看到这些不用看相貌，我们就仿佛听到了那首歌：帽儿破，鞋儿破，身上的袈裟破……

翘色翘出意境，这应是最高的层次。

　　刘庆峰是倾心专注翘色玉雕的艺术家。刘庆峰的翘色特点是：以色传神。他不是为了多彩而钟情于颜色，更非为色彩斑斓而运用色，他是画龙点睛的使用色，用"色"来传达作品的神韵。在他的作品里，色绝非是可有可无，或仅仅是锦上添花，而是"无卤水点不成豆腐"，色是灵魂。试析"济公"的色的运用。原本原料主体除了黄翡，便是青白色并且青白二色的界限并不分明，可到了刘庆峰的笔下，那顶端的些许白色，被敏锐捕捉到，成就了济公的脸庞，余下的青色成了济公的身体。就那么一点点白色形成了面部和身体的色彩区别，有如此敏锐的"色"眼，那边上的黄翡自然不会放过，构成了帽花、扇子、佛珠、破鞋形成从上到下贯穿全物的一条"金边"。使原材料仅有的色发挥到极致，运用得又是

〈硕果〉

稿一 设计意图

利用材料红皮白底特征，将其白色部分作为主题做一个硕大的果实，保留大光面体现种壳，作为果实体现。把红皮巧用成藤、叶、甲虫，这些将在构图中起到点、线作用，作品表达丰收的喜悦之情。

稿二 设计意图

以饱佛济公为作品设计形象，那上破难的鞋儿来现体主题，巧色在作品中是主要做工作。帽子上水佛头，右手中扇，左手棒拿到元宝，手腕上的佛珠，还有一双破鞋，都将尽可能利用到红皮。

踏破铁鞋无觅处
一得来全不费功夫

稿二

刘庆峰

恰到好处。扇、佛珠、破鞋，是济公的"招牌"物件，恰恰是这些"招牌"物件，都被镀了"金"，岂能不让人物传神、生辉？将色用得巧，用得精，仍不可忘精雕细刻。看看济公黄扇子上的破洞，鞋尖上的脚趾头，就是看背面，帽下的长发，更不用说济公白脸上凹陷的眼睛，尖长的下巴，青色的嶙峋的胸骨，多皱的腹部，无不传神。这点点滴滴的精雕细刻汇聚起来，再加上色彩，就是一种"神气"，人物的神气。冰冷坚硬的玉雕出活生生的人来。你会觉得济公就盘腿坐在对面，或是走在旁边，听到他鸭嗓般的笑声。

古人论摹印技巧时说过：功侔造化，冥契鬼神，谓之"神"；笔画之外得微妙法，谓之"奇"；艺精于一，规矩方圆，谓之"工"；繁简相参，布置不紊，谓之"巧"。刘庆峰正走在这条大道上。

张琼月

调水的最高境界

张琼月，玉雕技师，青年玉雕艺术家。

1980 年出生于广西，1999年从事玉雕工作。

作品投资价值预估：作者是玉雕队伍中女性的佼佼者，其作品充分体现了女性观察事物和创作的细腻、委婉之美。作品正处于上升期，升值可期。

蓝冰观音

水天一色的天然，一如你纤尘不染的安详，那是大彻后的淡
然，是大觉后的从容。你莞尔微笑的柔性。

容纳了无量的慈悲，消泯着世间的妄念、执著。闭目参禅的
你，神闲气定，远远地传来一个声音：净土不远，就在心中！

点评：

平洲的玉雕师中，女的不少，张琼月是其中的佼佼者。她雕刻的玻璃底、冰底的观音头像，很受称赞。这件《蓝冰观音》值得称道的地方也很多，恕不赘述，这里只想试谈《蓝冰观音》调水的技巧。调水，大概是翡翠雕刻的"独门武功"，也是翡翠雕刻技巧中的高端技术。调水，就是通过雕刻，使物件的透明度更高，主体更鲜明，整个造型更晶莹剔透，熠熠生辉。最常见的调水手法有拉线、挖沟、突、凹等等。最常见的问题是为调水而调水，就是非常直露，毫不掩饰地削、抠、挖，甚至是影响到整个作品的构图。读张琼月的《蓝冰观音》，看到的是一件完整的艺术品，找不到人为的调水痕迹。这其中的奥妙，恐怕主要在于：

1. 顺势而为。整体作品是椭圆形，在椭圆形的边上就行"勾边"的造型处理，非常自然。右上侧将"边"放开，在左脸颊处重新勾起来，并顺势打个"结"。不仅是构图不古板，"勾边"、"放开"和打"结"自自然然，使边的"水"像一道波浪，有起伏，有变化，调节了视觉感。

2. 因势利导。围绕观音头像的主体，沿"边"至脸颊部分常见的处理是平推过来，主体突出即可，张琼月反其道而行之，沿"边"往下走，形成"斜坡"，这是非常重要的一招，就像挖了一座水库，就像蓄了一泓水，碧波荡漾，主体在"波光粼粼"中岂能不生辉？你说是为突出主体也罢，是为构图美也可。

3. 就势兴"澜"。有了一"湖水"，就有了开发的基础，可荡舟，可垂钓等等。张琼月从从容容的雕刻脸颊，稍稍处理，脸颊受"凹"处的透光影响，又可影响到鼻梁、眼睛，甚至包括耳朵、脖颈。这种透光性的影响绝非是开一道沟或拉一条线可比，它不动声色，不露痕迹中完成了整个调水的"分流"工程，雕刻师尽可就势兴"澜"。

4. 无为更能造势。《蓝冰观音》背面轻描淡写画了两条优美弧线，仿佛漫不经心，其实颇有含意。现实中不少观音与佛公的背面，都有较大动作的处理，有的不惜雕出层叠的大波纹，以增强"水性"，显示透光度。其实现在收藏者的水平的提高，丝毫不亚于创作者技术提高的步伐，收藏者一看到背后的"大动作"，就会联想到什么，不言而喻，浅浅地勾画又在说什么呢？

调水的最高境界应是那句老话：不显技巧才是最高的技巧。

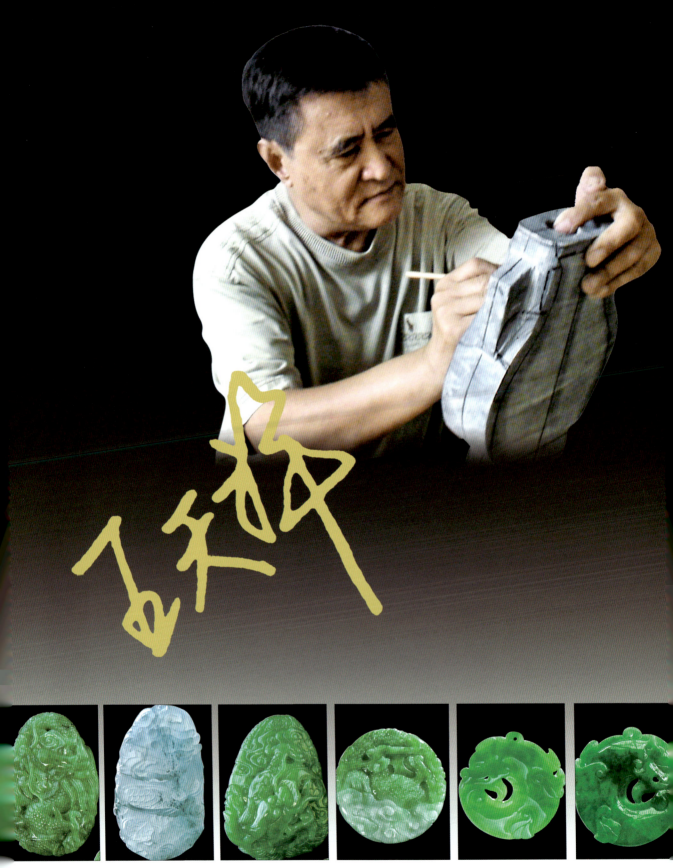

王天祥

老北京工 "云龙" 构图布局

王天祥，当代著名玉雕艺术家。

1944年生于北京。1958年3月进入北京第一玉器合作社，同年10月并入北京玉器厂。1978年担任三车间（负责兽、瓶）设计组长，后任质量检查员。代表作《碧玉大花灯》、《翡翠珠心项链》等曾在业内外广受赞誉。1983年参加设计了后被称之为 "四大国宝" 之一的《岱岳奇观》和模型制作。1985年离厂创业，因而错过了轻工部 "大师" 评审。

王天祥的妻子李秋凤是该厂二车间（负责花件）的设计组长，1986年被轻工部评为 "工艺美术大师"。李秋凤设计制作的小件物品蜚声海内外，作品多为海外收藏。值得一提的是王天祥与李秋凤设计制作的作品集北京玉器厂两大车间设计组长的智慧，堪称典型的老北京玉器厂的创作风格，非常珍贵。

作品投资价值预估：作者是新中国成立后成长起来的优秀艺术家，其风格充分体现了老北京玉雕艺术特点。作品有很高的收藏价值。

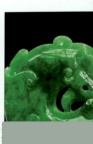

作品1：云龙九显（手把件）

长7cm 宽4cm

点评：

　　读王天祥和李秋凤的作品感觉最强烈的就是布局缜密，脉络清晰，主次分明，构思浑然天成。这里看到的4件以龙为题材的作品，可以深刻感受到作者深厚的"北京工"的功底和对精雕细刻、完整大气的艺术风格的追求与体现。

背面

侧面

底端

　　1. 意在笔先，一气呵成。中国千百年的造型艺术产生一条金科玉律："意在笔先。"纵观这四件作品，无论是摆件，还是挂件，抑或是手把件的布局，都是"意在笔先"，纵横捭阖，匠心独运。4件作品都是叱咤风云的龙，却形态各异，布局出神入化。作品1的龙，从顶端的龙首到逶迤而下的龙身，成三段式，中规中

作品2：云龙九显（挂件）

长5cm 宽4cm

背面

88

作品3：云龙九显（花牌）

长6cm 宽4cm

背面

背面

矩；作品 3 的龙首居上端，顶端和尾端是龙身，顶端的龙身下设"扣"，既不破坏布局，又让人感到龙身的上下翻腾，不仅有美感、动感，还合情合理。再看作品的回首龙，材料不规整，龙尾甩到顶端的凹处做"扣"，龙首在下部凸起处回首，头高尾低，正好形成高低对照和呼应。将"劣"势变为特点。而作品 4 摆件中的云龙，除了气势汹汹的龙首，龙躯在偌大的云、涛密布的画面中仅占五分之一，并且是成一字形横贯全石。谁都知晓一字形摆设呆板，乃布局大忌，主体成一字形，整个画面就很难活起来。而王天祥为了发挥一字形散布的色，巧妙的用云、涛渲染，烘托，使龙翻腾其间，跃然而出。凡此种种，若非"意在笔先"，将料性吃透，深思熟虑，很难有如此匠心独具的设计。

主次分明，层次清晰。无论是何种艺术，作者总是有主题要表达，翡翠因材施艺，特别是在雕刻中常常要碰到意外的情况，如裂、棉等等，需要改变设计方案，因而有不少作品随心所欲，就物塑形，破坏主题的表达。王天祥的作品特别强调主题突出。以作品4摆件"云龙三现"为例，看看底座的"肉"恐无人愿雕，王天祥却沿着隐隐约约的色，将龙从前面一直雕到背面，形成环绕全石的一条"绿龙"，将星星的绿画龙点"睛"般发挥到极致，龙的躯体贯穿了全物件。再看龙喷出的水，在正面有两处交代，在背面有6处表现。有两次水瀑还形成了浪花，翻腾起来，带活了画面。由于有了"绿龙"，余下的大面积皂青色就有了用武之地，全部就势雕成云纹和浪涛。

主题的显明、突出，使作品整体缜密、大气。"物"尽其用，材料的劣势退为其次。这件作品是国家工艺美术大师李秋凤病逝前和丈夫王天祥共同设计的最后一件作品。

3. 呼应、对称与关照。布局产生美感的重要手段之一，便是呼应、对称和关照。

作品3挂牌"云龙九显"，正面的图案除了几朵祥云就是翻腾的龙体，顶端与末端的龙体呼应，左侧的龙爪与右下侧的龙爪对称，左上侧的龙须与右下侧的龙髯对称，仅有的三朵祥云也构成了上下、左右关照。再看背面，祥云成为主体，但云隙间龙体层次清楚，与正面图案相照应。祥云亦上下关照，龙体也是前

后呼应。如此呼应、对称和关照，使整个画面浑然一体，没有生分之感。

4．灵活自如，严丝合缝。举作品 2 挂件"云龙九显"为例，此件料为不规则长、斜三角，上扁下高，还成三角形凸起，很难驾驭。王天祥将龙首放置凸起的下部最高点，并雕刻成回首张望之势，龙须等顺势铺洒在龙首的下端，龙身则盘旋在挂件的上端，充分利用了料的高低与厚薄的不同，成就回首张望的姿态。如此，龙身可恣意翻腾，祥云也可任意点缀其间。再看背面，龙体在云中翻腾，龙尾夸张的几乎扬到了挂坠的顶端，"扬"出无限张力的感觉。构思灵活自如，并非恣意妄为。为达到构思缜密、浑然一体，王天祥的作品特别注意对物件"薄边"的处理，立求严丝合缝、浑然天成。看看图 1 手把件"云龙九显""薄边"的处理，就无须赘言了。

5．繁中有简，简中有繁。纵览这 4 件以龙为题材的作品，精雕细刻似乎无所不在，这大约是老玉雕的一种风格，即讲究画面要"满"：整体饱满，布局丰满，主题溢满。但揣摩"满"中又处处藏有"简约"。看这 4 件作品，无论是摆件，还是挂件，画面除了主体龙，只有云纹，仅摆件"云龙九显"有浪涛。这又是多么简单的画面，没有任何与主题无关、与主题无益的哪怕是一根草，一块岩石。再试想如果没有铺陈的云纹，岂能表现龙的穿云破雾，雄霸天下的气势？！可否这样说，王天祥构思的或繁或简，只有一个目的：凡是有利烘托、渲染主题的尽可繁，凡是无益烘托、渲染主题的尽可简。如此，繁而不赘，简而不单。

仿古猪龙

吕　光

谈黑论白话藏与露

吕光，青年玉雕艺术家。

江西人，1969 年出生。1987年投身玉雕行业，曾拜师学习扬州玉雕技能多年。平洲玉雕文化艺术促进会常务理事。

2010年广东省首届玉雕技能大赛前八名，荣获广东省技术能手称号。

作品投资价值预估：作者技巧娴熟，创作进入鼎盛时期。作者的作品产量不高，均有收藏价值，升值前景可期。

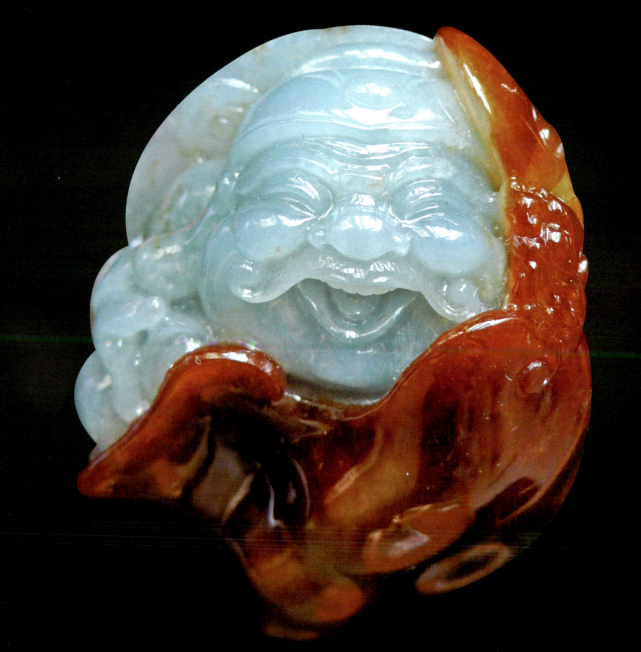

披红袍的财神

点评：

《披红袍的财神》受到很多人的喜爱和称赞，细细看来，就会感受创作者扎实的基本功和布局能力。特别是布局中处处留"眼"，步步藏露结合的构思，是《披红袍的财神》的魅力所在。谈黑论白原本指的是国画创作中落笔前要先构思何处浓淡，何处疏密，后通用于造型艺术的布局。藏与露也是一种艺术表达技巧，是追求含蓄，拓展意境的重要技法。扬州工深受国画技巧影响，吕光多年学习扬州工，故而深受影响，藏与露的技法运用娴熟。

1. 大起大阖，为谋篇布局奠定基础。该作品的画面非常简单，红袍缠裹财神的大半身，仅露出财神的头部和一只手。且红袍几乎毫无雕饰，若无全局的藏露构思，断不敢如此大胆设计。正因为对此法的娴熟和自信，才恰到好处地利用了红翡，使人耳目一新。

2. 半隐半露，犹抱琵琶半遮面。通常的财神必捧金元宝，头上或脚下还必踩铜钱。吕光的财神似乎"钱"不多，他把正面看到的唯一一枚元宝，藏于红袍与人体接触的边沿地带，还是半掩半露，不认真看，几乎找不到。这样的藏露超凡脱俗，技高一筹。

3. 以"情"带物，"神"溢其间。财神不带财如何叫人识辨？吕光将精力放在人物刻画上，人们熟悉的那张大脸蛋、那顶帽子，财神笑得满脸灿烂，喜庆溢于言表。财神会为何事高兴？最能打动财神的是什么？如此技法拓展了画面的表达，读者会进入联想，进入创作。

4. 红肥绿瘦，以色显露。此料本身只有两种颜色，表皮是红色，内瓤则是青色，如果是按一般的构思，要么浅浮雕，要么去红留青。吕光反其道而行之，露红藏青，"红袍"占了正面主体的三分之二强，青色虽然是雕刻主体，却只占了三分之一。如此"红肥绿瘦"的效果显而易见。反之呢？藏与露的技法，实则就是含蓄与直陈。有了精湛的工艺和恰当的布局，追求含蓄，拓展更大的艺术空间，给读者更多的联想，应是高层次的追求。

肖　军

撷取生活中的意境美

肖军，著名玉雕艺术家。

1967年生于江苏南通，1987年进入南通师范学院美术系，毕业后在某中学任美术老师。1991年至2000年在广州从事玉雕学习、工作，后到云南瑞丽开拓事业。

自2005年《瑞兽献宝》获"天工奖"优秀奖起，肖军的《招财进宝》、《苦尽甘来》、《团团圆圆》等作品，先后多次获"天工奖"、"百花奖"的多项奖项，并多次被行业协会、政府机构授予玉雕大师称号。

作品投资价值预估：作者是改革开放后玉雕行业最早成名的艺术家之一，目前处于创作的鼎盛时期，特别是作品有一定文化内涵，得到不少人的喜爱。作品未来升值空间可期。

稻花香里说丰年

点评：

  无论是东方艺术还是西方艺术，都将作品的意境视为高层次的艺术。特别是中国艺术作品中，无论诗歌、小说还是雕刻，意境往往影响作品艺术性。肖军的作品始终孜孜不倦地在意境的艺术世界中追逐、升华。特别值得一提的是，肖军作品的意境突破了大多数创作者从诗中寻求灵感的老路，他作品的意境往往来

荷塘童趣

自平平淡淡的日常生活，却弥漫着浓浓的温馨和恬静。

1. 撷取生活的露珠，平淡中妙笔生花。以《苦尽甘来》为例，众人皆知的苦瓜上缠绕着同样无人不晓的餐餐可见的瓜果，"聚集"出博大的生活真谛，于平平淡淡中勾勒出富有哲理的意境，令人耳目一新。这无疑也诠释了作者对生活的

团团圆圆

热爱、追求和积极向上。再看《团团圆圆》，虽然我对这个标题不十分欣赏，但我却不得不对作者善于从普通事物中发掘美的意境大为赞赏。姑且称之为一个香喷喷的汉堡包，几颗晶莹的蜜珠，这在小孩眼里也司空见惯的物品，肖军则赋予它深刻的内涵。那两层间夹杂的无论是什么，终究是一个团团圆圆的整体，那随意攀爬出来的菜叶无论怎么说，终究是夹杂在团团圆圆之中。过去有句老话：深入生活才能出好作品，现在不时髦了，但学会观察生活，反映生活中的美，永远不会过时。

2. 找准最动情的生活脉搏，让童真永远伴随世界。意境往往也需要一个点，由此激发人们想象。童年的趣事是一个人活到老也忘不了的，童年的趣事，甚至是某个场景都能触动人的神经，引发联想，形成意境。肖军的作品中有不少是以童年趣事为题材的。《荷塘童趣》刻画的非常生动，几乎可以让人聆听到鱼儿蹦跳的"哗啦"声。如果说《荷塘童趣》是直接抒写，那《稻花香里说丰年》就是儿童的视角。两只小青蛙头顶头，眼对眼；当年谁曾蹑手蹑脚走近这一幕？谁曾屏住呼吸、挤成一堆关注这一幕？谁又会嘘唏不止给孙儿讲起这一幕？

3. 让色彩创造意境，充分发挥翡翠材质的特点。艺术创作中创作意境氛围最多的是文学作品和美术作品，前者以诗为主体，后者以国画为代表。对于翡翠雕刻中以多种色彩为中心创作意境的不是很多，特别是历史上翡翠以绿色为"贵"，对于红翡和黄翡、紫罗兰色并不重视。以前似乎红黄翡料也不是很多。但近年来，随着"三彩"料的走红，大马坎场区又挖掘出大量红黄皮的料，运用不同色彩巧雕，俏色的佳作应运而生，颇受人们的欢迎。肖军应是这批运用不同色彩的翡翠巧雕的领军人物之一。

肖军特别擅长运用翡翠不同色彩进行强烈的对比、烘托、渲染，突出主题，营造氛围，创造出美好的意境。看《团团圆圆》，黄色上有几许绿色，你会嗅到

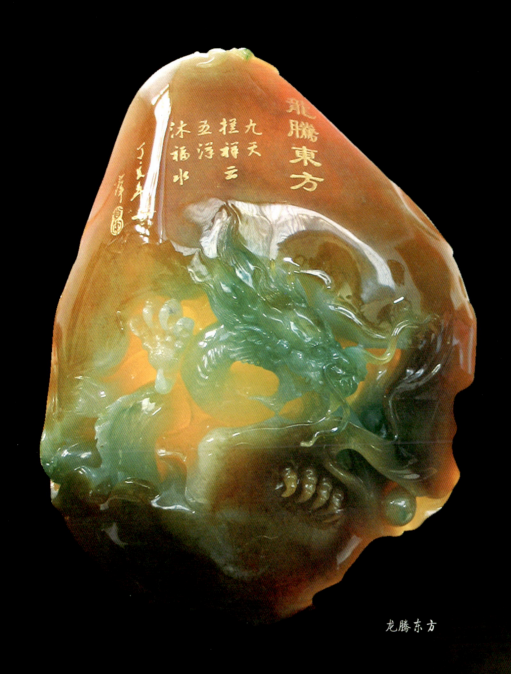

龙腾东方

　　奶油的香味夹杂丝丝青菜味儿，那油珠似乎闪烁欲坠；《稻花香里说丰年》里看那两只头顶头的小青蛙，白色上托着两片绿，你会感觉它们就要一跃而起，不敢眨眼；看《龙腾东方》那红色中腾起的绿白相间的龙，那意境活脱脱的；即便是《钟馗》，那一水的淡青蓝色，也让你感到驱魔降妖的他，就应该是这个色。

　　翡翠雕刻较之文字描写和绘画，有着更强烈的意境效果，将多种天然色彩

钟馗

青衫已褪色，一柄寒剑依旧。

一笔挥剑决浮云，纷飞如雨的是你无语的冤屈。

当日慷慨倚长剑，轩昂了正义凛然的威严。

苦尽甘来

应用其中，色彩斑斓，灿烂耀眼就更胜一筹。

4.从传统题材中挖掘，塑造新的意境。肖军的作品也不乏大量的传统题材，譬如龙、观音、钟馗等等，但他不循规蹈矩，而是锐意创新，通过细节的刻画，气氛的渲染，神还是那尊神，佛还是那尊佛，却塑造出不同的意境。举《钟馗》为例，传统的钟馗形象凶、狠、霸气十足，无敌天下。而肖军的钟馗，还是瞪着圆圆的眼睛，剑照样舞在手中，腿也照样跃跃欲飞，但看身体的姿态少了几分僵硬，平添了几分优美。再看抬起的腿，又少了几分凶狠，而隐隐约约有点舞蹈的感觉。再看脚尖，可以说跷得好看。这位钟馗是否可以说有几分可亲、可敬又可爱呢？这样一个钟馗给人们的感觉，恐怕不同于凶神恶煞，令妖怪都闻风而逃的那个钟馗吧？

龙是中国人最熟悉的图案，不说龙的造型，其背景通常是乌云滚滚，电闪雷鸣，再不就是随闪电平空出世。龙的色彩都是红、黄、白、黑。一句话，怎么刺眼怎么来。而肖军的《龙腾东方》呢？绿色的龙首，洁白的龙躯，背景上下左右全是红色雾幔。红色在中国传统文化中是大喜大庆、热烈欢腾之意。这是一种什么氛围，赋予读者什么样的意境呢？

意境原本多与诗、与高雅与玄妙联系在一起，肖军却用"高贵"的翡翠，创造平平凡凡的生活中美的意境，这本身就是一个深邃的意境吧！

戴星星

雕刻华丽的乐章

戴星星，青年玉雕艺术家

1981年出生于江苏，1998年从事玉雕工作。

2010年广东省首届玉雕工艺技能大赛第九名。

作品投资价值预估：作品雍容华丽、美不胜收；作者卓尔不群，小荷才露尖尖角，来日正可期。

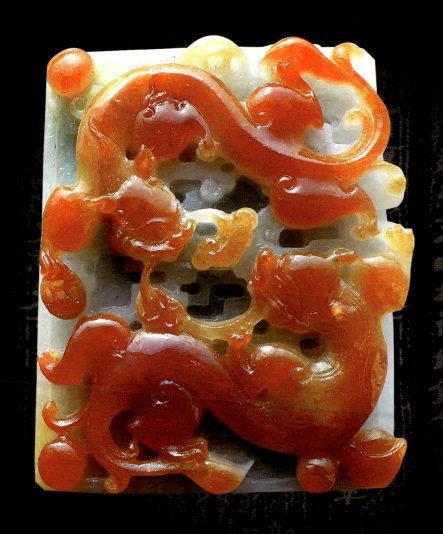

仿古双龙呈祥

点评：

乍看戴星星，颇似稚气未退的毛头小伙，个高，肤白，一脸孩子相，让你很难同他的作品所体现的精美、华丽相联系。在2010年广东省玉雕大赛中距获"广东省技术能手"称号仅差一步，屈居第九名。

读《仿古双龙呈祥》

欣赏这块牌子总有一种愉悦感，其实这块牌子的构思并不复杂，那这种愉悦感从何而来呢？拙以为其艺术感染力主要来自熟练的线形运用。

1. 龙回首为何就一定要龙摆尾。大凡成功的龙的雕塑，甚至是绘画，只要是有龙回首的造型，毫无疑问，那龙尾一定要"摆"回来，也就是同样要画个弧线，没有哪件作品的龙尾是直直的如一条线。为何？首先是同"回首"的龙头不呼应，其次是不美观，"文似看山喜不平"，雕塑又何尝不是如此。我没有见过龙，倒是在西双版纳常见蟒，那蟒的尾巴倒真真是直直的。可艺术不喜欢"直"。

如果光是有回首龙头和龙摆尾的曲线，其他部位或陪衬物是方的、长的，那就很不协调。纵观《仿古双龙呈祥》全图的红翡，几乎看不到直线，全是曲线、弧线。不论部位大小。正是这些大大小小的曲线和弧线，与龙的回首摆尾相融，才使得双龙腾挪生风，活灵活现。

2. 《仿古双龙呈祥》最精彩之处是色的浓淡的使用，也就是说，将色的浓淡处理与雕刻的曲线、弧线融为一体。近处浓，远处淡；正面浓，侧面淡；凸起处浓，凹处淡。先看上边的龙：龙头、龙尾色浓，龙须、龙腰色淡。下边的龙同样：龙头、龙尾色浓，龙颈、龙腰色淡。正是将翡色的浓淡巧妙地同龙的造型有机地融为一体，使龙的造型更为生动，那些曲线、弧形得到了增强和发挥。

螳螂捕蝉

观《螳螂捕蝉》

    观戴星星的"螳螂捕蝉"仿佛在聆听优美的华尔兹舞曲，令人陶醉在强烈的艺术氛围中，这个世界是华丽的，又是优美的。

    1. "场面"华丽，极尽雕刻之奢华。在8cm×5cm×2cm的空间，我们在正面看到了偌大的螳螂，在侧面看到了两朵小花和伏在花上的蝉，还有细腻的令抛光者感到困难的一连串的"S"形花纹。而案头则是精致的环扣，案末端是可爱

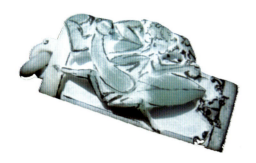

的小兽。如此已算奢华了！长案的背面又进行了大量镂空，使长案两侧的花纹能透出光来，越发显得精致。如此奢华的雕刻使你一眼就陷入了艺术的情网，不能不赞叹。雕刻历来忌讳过繁过滥，但雕刻从来不拒绝精雕细刻，因为雕刻的艺术是从雕刻中来，美与繁的界定是艺术与繁琐的区别。

2. 古色古香，情景交融。相信不晓得"螳螂捕蝉，黄雀在后"典故的人不多，但未亲眼见过螳螂的人并不少。即便在农村螳螂的数量也不多了，这肯定不是黄雀太多了。戴星星的螳螂只能伏在古色古香的长案上，要是伏在钢化玻璃桌上，那就是另一番风味了。古色古香的长案末端平面有小兽图案，两端颇为考究地卷起水纹，而两侧的精致之极的镂空花边，为长案的身世做了最好的诠释。而长案另一侧的两朵小花并不突兀，早在清代之前王公贵族家的长案就有这般设计。古色古香的长案上，蝉误将雕花当鲜花，这本身就是一个意境。创造华丽的乐章，不可或缺的是一个个充满艺术魅力的音符。

3. 螳螂的美与美的螳螂。记忆中螳螂的模样似乎与美无缘，倒是有几分怪异，长手长脚，小脑袋。戴星星却从这个长手长脚的虫儿身上看到了美。他将这位螳螂雕成了一朵"花"！的的确确，从正面看，螳螂的身体和脚爪就像是一朵盛开的热带丛林里带刺的花，图案很美。这让我也不得不修正记忆：哦，原来从某个位置或角度上看，其实螳螂的造型很美，它的身体美得就像盛开的花瓣。这就是戴星星的艺术感觉。不是有了这样一位姿态优美的螳螂，才有了这件令人称赞的艺术品，而是有了戴星星，我们才知道螳螂貌美如花。某种图案初时无人注意，可当它成为某种经过艺术加工的饰品时，才令人眼前一亮，随即受到热捧，也就是从"螳螂的美"，转化为"美的螳螂"。最后还应该说的是，"螳螂捕蝉"的料并非大红大绿，更非晶莹剔透，戴星星巧妙地将表皮的浅蓝色部分雕成螳螂的主体，将其余的白色用来陪衬、烘托、渲染，于是，华丽中平添了典雅、高贵的气质。

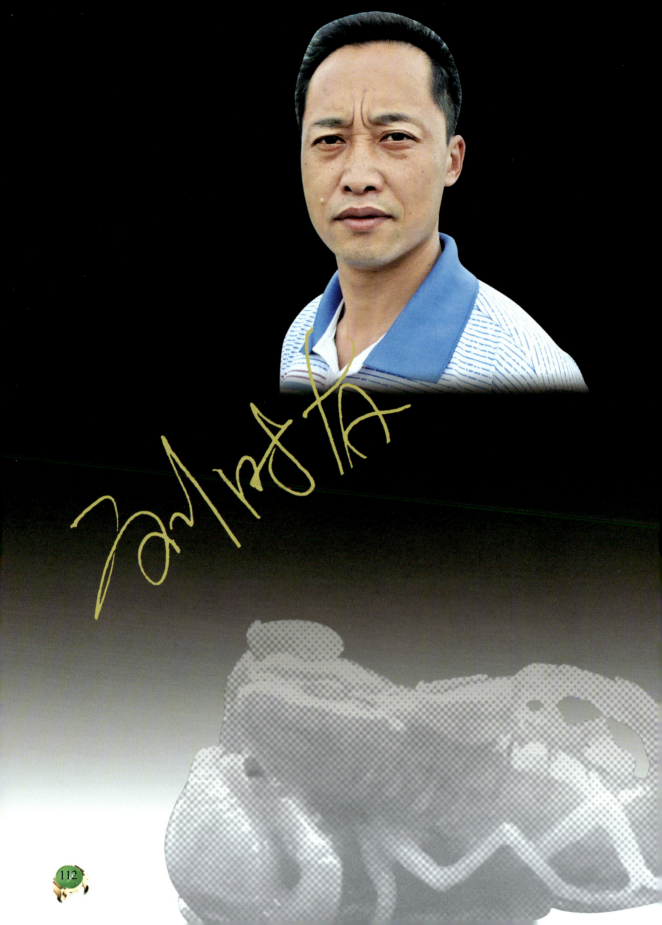

刘时友

留白与主动创作

　　刘时友，1972年出生于福建寿宁，1991年学习木雕工艺，木雕工艺师，1998年后改行从事玉雕工艺。

　　作品曾获"神工"奖等玉雕奖。

　　作品投资价值预估：作者擅长花鸟虫鱼，有较好市场基础。作品目前价格尚处低位，有一定上升空间。

鸿运天祥

点评：

　　许久以来，我一直有个不太成熟，或许是偏激的认识：对于翡翠雕刻来说，如果仅仅是用一块料雕出某种图案，纵使是好料，但图和料并未融合、产生艺术的化学反应，或是说，图就是图，料就是料，那只能称之为雕件，而非翡翠艺术品。再说的直白或苛刻一点，没有产生意境的作品，至少艺术感欠缺。于是这里就引申出一个问题：主动创作与被动创作。

关于《鸿运天祥》

刘时友

观《鸿运天祥》，那蓬蓬勃勃、硕大丰满的莲花莲蓬，还有腾空而跃的鱼儿固然引人注目，但占据作品近三分之二的留白，更引人遐想。谈到留白的技法，大家都很熟悉齐白石老先生的那副脍炙人口的"虾"。那条占长幅的三分之一的下端是鲜活的虾儿在嬉戏，上边近三分之二的位置且是留白。那白纸上什么也没有，老人没画什么，却不等于什么也没有，他留下了的一大片空白，在告诉你那上边本来该有什么，或是应该有什么，而让你去创作。同样，如果刘时友把上端去掉，或把物体雕得很大，占据整个石料，那这件作品就直白了，意境没有了，那才是空空如也了。

"留白"也好，空间也罢，绝非是空空荡荡。其实，齐白石老先生在作留下巨大空白的虾图之前，还作过一副颇为相似的佳作。宣纸还是那么大，虾还是那几只虾，只不过是上端空白处画了几片迎风摇曳的苇叶。我主观揣测，老先生在"留白"的问题上也是在不断探索，越来越主动，胆子也越来越大，艺术感也更上层楼。

《鸿运天祥》"留白"的那片空间的艺术效果给我们几点启示：

1. 主体物与空白处必须有特定的联想空间。鱼儿腾跃和荷花绽放，莲子硕大有是兴隆、吉祥的寓意。

2. 那片空间必须有特定的含义或寓意。鱼儿的腾挪上方有巨大空间，更有海阔天空的暗示。

3. 那片材质或雕刻符号有特定的指向，红黄色历来被视为大富大贵之色，如此巨大的红黄空间，自当是鸿运当头。

驱邪避瘟

你从古老的传说走来，在善与恶的边缘，无声无息地巡逻。

太深的误解，被你层层结痂成沧桑。

只留下悲壮、凄怆的背影，在暗夜中踽踽而行。

关于《驱邪避瘟》

　　据说蝎子是世界上进化最慢的物种之一，从3亿年前到现在，几乎没有太大的变化。它口部两侧有一对螯，膜部细长，末端有毒钩，不仅相貌奇怪，而且因其同胞中有部分具有剧毒，而被视为毒物。刘时友创作的《驱邪避瘟》，腹部有8条腿，但那姿态却非常常蜷曲墙角吃蜘蛛等昆虫的主儿，不仅抓住了蝎子的特征，而且还有一种霸气，不可一世之傲气，君临天下之王气！

　　玉雕，特别是翡翠雕刻，常常受限于原材料的限制，惜料如金，不像木雕、石雕那么自由。因而玉雕中，被动创作比较多，料是什么形就雕什么物，物中无我居多。一本图谱可以传几代人，一个师傅从学徒，到自个带出徒子徒孙，雕的就是那几样东西，并非少见。近些年来，这个体系受到了很大冲击，先行者们纷纷开始挖掘新题材，塑造新的形象。刘时友的《驱邪避瘟》就是物中有"我"。试看其造型：两只蜷起的大钳子，形成收回的拳头之式；蜷起的多条腿，更给人壁垒森严，盘根错节之强大的感觉；尖细的储蓄毒液的尾部，甩到了头的上方，似张弓搭箭，咄咄逼人。这个强大、进攻型的造型，同"驱邪避瘟"的主题很是匹配。这蝎子不是几亿年前留下的那进化缓慢的物种，而是融进了刘时友的血液和精气神的一个符号！

　　刘时友将《驱邪避瘟》的大钳子和众多的腿，还有甩过来的长长的尾巴，布置得纵横交错，令人眼花缭乱，绝非偶然。他们簇拥着物件的主体，就宛如古代的长矛大刀，现代的导弹大炮，突出的是主体和主题。如此方有不可一世的霸气，不如此又岂能"驱邪避瘟"呢？为了赋予作品可《驱邪避瘟》的气势，《驱邪避瘟》在工艺上大量的镂空，整个作品仿佛在喘息、扭动，那钳子、腿、尾巴都充分显示了翡翠材质的特点，半明半隐、晶晶莹莹。再配上绿色，这物件就仿佛活了。曾有同题材的作品起名"雄霸大业"，其实，从古埃及遗留下的文物即可证实，蝎子一直是同镇邪攻毒有关，中国历史上也有此说，故称之《驱邪避瘟》当更为妥当。

李享平，1969年12月生于河北鄂州。1990年就读于武汉城建学院。1993年开始从事玉雕工作，2006年成立玉雕工作室。2011年广东省玉雕大赛前八名。广东省技术能手称号。

读《普度众生》

戈然点评：

佛家认为大众营营扰扰，如溺海中，佛以慈悲为怀，施宏大法力，救济他们，这就是《普度众生》。

作者除了注重刻画观音的面善祥和外，人的结构、动态也充分照顾到，用娴熟流畅的雕工加上对玉本身红黄色、白色恰到好处的运用，使整个物件有了灵气。凝视这幅作品，仿佛能听到从那玉净瓶中潺潺流出的圣水，那石头雕刻出的水流仿佛瞬间有了生命，一泻千里来到人间，用承载着菩萨慈悲为怀普度众生的

心意，救助那些正在受苦受难的天下苍生。再看作品的背面，有山有水、有鸟有人，寓意众生。如果说正面反映的仙界菩萨倾倒圣水救助世人，那么背面体现的则是一副浓浓的人间烟火的镜像。不仅雕刻内容不同，而且正反两面的色调也截然不同。作品正面的主色是红黄色，转到背面后，突然整个基色变为白色，仅有边缘上两处红黄色，透着两者之间的联系。看那宝瓶中流出的圣水转眼来到人间，整个大地浸润其间，洗去污浊秽气，一片天高任鸟飞，生机勃勃的景象，而白色恰好体现了这种清澈透亮、犹如刚被一场大雨洗刷后的感觉。

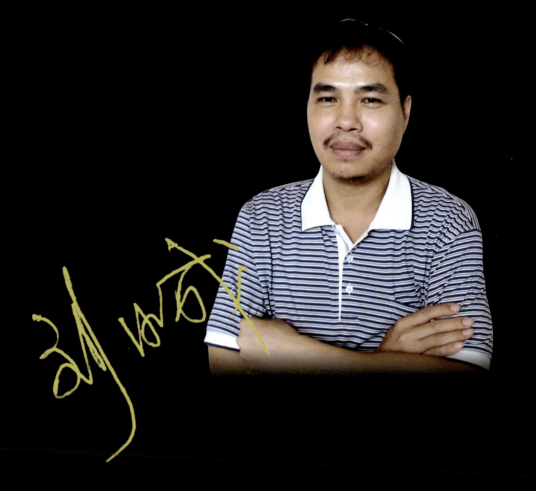

抛光师刘日成印象

　　抛光，或许是翡翠行业中最简单的活，无须说雕刻，哪怕是当个锯工，就是把翡翠毛料送上大锯，没有个把星期的调教，谁敢放手？要么把料锯废了，要么伤了手。

　　抛光就简单了，站在一旁看上10分钟，师傅准说：就照这么干，抛吧！

　　玉雕大师们可不是这么看，他们多半都有自己信得过的抛光师。抛光是翡翠蜕变为艺术品或商品的最后一道工序。如果非要量化的衡量，抛光的优劣影响翡翠艺术品或是商品价格的10%至20%。不过，与阿成熟稔之后，我方发现抛光师的本事绝非是把物件抛亮那么简单。

　　阿成，大名叫刘日成，圈内的人都习惯称呼他阿成。他来自粤北山区，个不高，相貌平平，唯双眼平淡的神情中有几许光亮，透出坚毅。他话不多，遇到他认为为难的事，言语间还有几分腼腆。从16岁离家到现在40出头，其中20多年都在抛光，不仅抛亮了许许多多的红翡绿翠，自己也同样鲜亮耀眼起来。他早先在云南瑞丽开厂，后又转战广东平洲，可无论是在瑞丽还是在平洲，他都是当地玉雕高手们欢迎的抛光师，而这两地应占据了中国翡翠工艺的半壁江山，这就不能不令人啧啧称奇了！这比他抛出的那些许许多多几十万乃至几百万一件的翡翠，还要光亮！

记不清是哪年哪月了，北京一位大师为我雕了一件作品，他说自己厂里的抛光太差，让我找个高手抛。瑞丽的朋友告诉我，阿成抛得好，就是要排队，等很长时间。不知何故，阿成没让我等，几天后，我就揣着那件作品回昆明了。从此我常找阿成，有时是要抛光，有时就是欣赏作品，因为当地高手的作品常常在他那里排队等抛光。这使我们有了许多话题。外人或许不晓，高手的作品往往在抛光中，甚至是在抛光后又要进行修改。抛光前与抛光后，有时效果相差很大，说个最简单的事，有的细裂非要打磨后才看得见，改不改？

阿成说自己读书少，更不懂什么美学原理，但依靠丰富的实践和潜心做事，他悟悉了抛光美学的真谛。这件《普度众生》抛光前，我对要如何突出主题，或是说突出画面中的核心人物观音想得比较多。因为画面丰富，如何将观音的脸抛出光来，并且要超过画面上的其他物件，这才能突出主题。在纷繁的画面中突出主要画面，而在主要画面中突出人物相貌，这是亘古不变的艺术法则。阿成冷不丁地冒出一句：观音的脸不要抛光了，搞喷砂吧。

喷砂同抛光相反，是将物件"磨粗"，保持暗光。这原先是水晶的工艺，大概是在2001年被移植到翡翠工艺中，阿成从2002年开始应用。

我愣了一下，脑子里立刻浮现出在一片光亮鲜艳中，有一张雍容大度，却毫不粉饰、淡定、超凡脱俗的面孔！

妙！

艺术创作中高手往往会让欣赏者于无声处听惊雷，如戏剧表演中演员使劲演，只会给人假了、过了的感觉。表演大师则会另辟蹊径，甚至选择不动声色用细节表达强烈的效果。绘画艺术也是同理，如果一味浓墨重彩，把画面泼红，抹个尽黑，给人的感觉也只是茫茫然然，无甚可记。可大师寥寥几笔，在某个角落点缀丁点乳黄色的小鸭，一只白色的孱弱的小天鹅，给人的印象会更深刻。

为了与喷砂观音形成上下呼应和对照，画面底部的民居也进行了处理。

对比产生美感，对比产生效果，强弱搭配并非最是鲜亮的引人注目，最刺眼的最能抓住眼球，强弱的辩证关系也不是用力最大，或是最强者最给力。抛光不是抛得最亮的地方最出效果。在暗淡中一丝光亮，那无疑是最耀眼的，反之在一片眼花缭乱的光亮中，有一点黑，一簇暗淡，那无疑是最吸引人的眼球的"亮点"。

试想一下《普度众生》，如果观音脸上也抛了光，那会怎样？

我问阿成：你不是说读书少吗？什么时候知道强弱辩证的美学原理？

阿成：美学原理？我哪知道。我在做活中就是这么做的。

看《反弹琵琶》，这是2008年阿成抛光的作品，舞者赤裸的身体部分也都采用了喷砂处理方法，同样收到了良好的艺术效果。我们不妨做个比较：倘若整个画面全抛光，其效果当是热烈、奔放、火辣、眼花缭乱。现在的处理方法的效果则多了一层涵义，说是表现更深邃亦不为过：热烈奔放的舞姿中喷砂处理的人物更突出，更清晰，更逼真，画面的层次感更强烈，更丰富，主题更突出。

有个秘密，局外人完全不知。抛光师往往是玉雕大师的"高参"。玉雕大师的作品完成后，最先审视它的是抛光师。他是真正的审视者，而不是一个简单的欣赏者。他往往熟悉大师的作品，用大师的最佳作品的标准审视创作。他审视镂空的部位是否到位，抛光工具怎么进去完善，特别是关键部位，比如脸相，五官之间的细微之处，哪里可多磨一点，哪里点到为止，否则眼睛更凹，鼻子更高了等等。但更重要的是抛光大师往往能对作品有瑕疵的细节提出非常高明的见解。我们一起鉴赏大师们的作品时，阿成对大师的作品的看法，常常使我大吃一惊，甚至是有"别有洞天"之感。

如此说，是否抛光师阿成比雕刻大师们还懂玉雕？非也。有句老话：不识庐山真面目，只缘身在此山中。当玉雕大师全身心的投入作品的创作中时，往往会情不自禁、不经意间忽略了某个细节，或是因其风格所致，或是因其对某材料的钟爱所困扰，或是因对题材的偏爱而迷乱。而抛光师呢？恰恰是冷眼旁观的局外人，不为任何情爱所困扰，非常中立，只为艺术而艺术，自然有中肯的独到见解，也就不足为奇了。

还有：抛光师一件作品往往要重复"走"几十遍，这是不是很像"临摹"字画？

玉雕大师们在完成作品之后，总想找一位抛光师，为作品添彩，也只有他们，他们也只是在那一刻，才有如此强烈的愿望。而后他们又该忙着再找毛料，而后再雕。

光，真的就是稍纵即逝吗？

阿成常常感叹：抛光行业留不住人。在翡翠行业如日中天的时期，抛光队伍更是"铁打的营盘，流水的兵"，人员更新太快，因为待遇问题，一个工厂里很难找到几个从事抛光行业10年以上的师傅，常见的景象是一个车间清一色的小伙子、小姑娘，靠门口坐着一位年长者，顶多也就40来岁。如此发展下去，抛光业真的就是"抛抛光"了。

董春玉创作谈

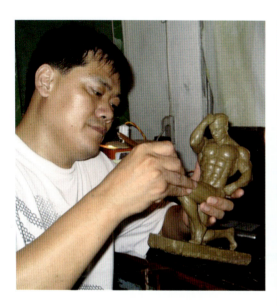

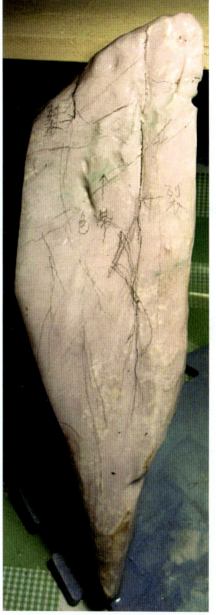

这是一块春料，想做一个女人体，事先做了大量的络裂分析。

一、关于选料

选料是创作的基础，如果选料不当，对后边的创作就非常麻烦，再好的构思也会以失败告终。选料最重要的一点是：把料看透。也就是把料的优缺点吃透：什么地方有裂，有什么地方有黑，什么地方棉重，什么地方出现变质岩表现，什么地方有色、有花，什么地方种水好？是料就可能出现上述现象，都要心中有数。

二、关于设计构图

此料适合做什么，把不可用的切

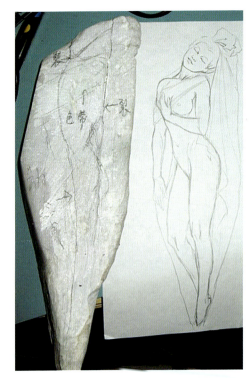

根据分析结果做设计稿和泥塑。

接近完成

但是人物左臂位置制作过程中出
现了夹灰裂，所以及时调整了设计，
将左臂由胸前改到耻骨前，使该作品
更加生动。

掉。要根据料的形状特点和材质特点来进行创作，事先就要想好，如何发挥此料特点，如何避免缺陷，根据这些特点进行构思，从主体上讲，玉雕是将自己的想法变成作品，客观上讲，是如何将材质发挥到极致，并与自己的构思巧妙地融为一体。

三、关于创作中的"创作"

翡翠雕刻与白玉、木雕等艺术品的最大不同是，翡翠原料在雕刻中往往会出现许多意想不到的情况，如原本无裂，雕深了，裂出来了，诸如此类的问题在雕大的摆件时几乎不可避免。前面我已讲到，对此类情况必须心中有数，知道该怎么解决。如这块料，原先构图女孩的左手捂在胸部，结果手臂上出了细裂纹，手往上抬，无法遮掩缺陷，反之手臂往下放，则可以剔除裂纹。于是只有改变构图，问题才迎刃而解。

翡翠原料太贵，出来问题不能一丢了之，总要想办法解决，解决问题的能力，从某种意义上说，要胜过雕技。

苗女创作过程

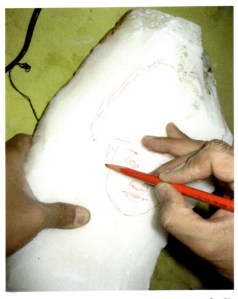

初稿

设计稿

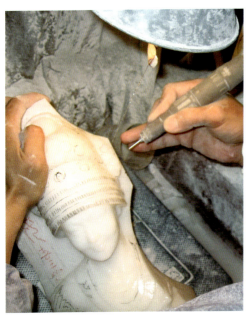

雕刻中

粗稿

健美创作过程

泥塑

毛料下料

半成品

成品

鸡蛋壳、鹅蛋壳、鸸鹋蛋壳
与玉雕大师（选载）

徐　军

那该死的合同是咋规定的？

那是第几条第几款？第八条？

八个鬼哟！姥姥的！反正他没规定不准雕鸡蛋壳，那个老外，不，那混血儿、假洋鬼子会想到雕鸡蛋壳吗？做梦也不会想到！就连你也不会想到十年后，你要在老丈人家新盖的两层红砖小楼里、四周是白雪覆盖的庄稼地里雕鸡蛋壳。你更不会想到十年后，这几毛钱一个的鸡蛋，铸就了你雕几十万一块的翡翠。鬼才想得到！

鸡蛋壳很薄很薄，嘎渣嘎渣脆，傻瓜都知晓，可谁知道它有多硬！你用刀使劲雕，不是用蛮力，是有控制地下狠劲！这劲有一半用在稳上，不颤、不滑、更不要抖。啪！破了，呀！蛋黄黏粘叽叽的，腥腥的。好吧，洗洗再来。

鸡蛋要选个大，形好，特别是皮要细，不能粗沙似的。刀刃寒光闪烁，灯光凝具在刀尖闪闪烁烁，它在蛋壳上像坦克拖着浓浓尘烟逶迤向前。刀具宽厚适中，雕刻刀、锯片刀、或是你自制的什么刀具，使用舒适的就足矣，不需要多花钱。

你先要轻轻地雕刻，让凝聚闪烁灯光的刀尖拖着浓浓尘烟直行，只有先掌握了直行，深浅不一的标准直行，再让你的刀尖拐弯、绕S弯，或是冲浪，高高低低、起起伏伏。

啪！又破了！蛋黄黏叽叽的、腥腥的。

报上说的那雕鸡蛋壳的准得雕坏几筐鸡蛋，要不哪能雕那么好？行，俺就雕他一马车鸡蛋！

刀尖凝聚着闪烁灯光，拖着浓浓的尘烟逶迤滋滋前行。怪怪的味儿直扑鼻腔，煳焦味儿，不，是硝烟味，这就像战场！刀枪剑戈，铿铿锵锵，硝烟弥漫。一圈圈，一团团，飘飘冉冉，弥漫至下颏、鼻腔、眼帘。

恍恍惚惚中是鼻涕垂至嘴边那会儿你就见过鸡蛋，你

知道那说红不红，说黄不黄，两头有点尖，中间大肚子的是鸡蛋。奶奶给过，妈妈给过，爸爸给过。那会儿你画过鸡蛋吗，不，是在鸡蛋壳上画画！那会儿咋想不到呢？傻，要那会儿就知道往鸡蛋壳上画，那多美呵，至少要少挨多少打。窗外有鸡叫，咯咯嗒，咯咯嗒，是二十米外老孙家的母鸡下蛋了。怪事，自打雕起鸡蛋壳，自家院里的那几只母鸡就不下蛋了，连叫都不叫了。老婆怨，说全是让你吓的！鬼怪！

　　刀尖凝聚着闪烁灯光，拖着浓浓尘烟逶迤滋滋前行，怪怪的煳焦味儿，一圈圈、一团团，飘飘冉冉，漫过下颏，沁进鼻腔、渗入眼帘。哟，谁打我？！唉，又是父亲。

　　那是一年级吧，第一天上学，老师发了很多书和本子，你从未有过那么多本子，你高兴得撒开了画，一天就画满了一本。猪猪呵，牛牛呵，羊羊呵，房子，大树，老人，小孩，可劲地画！回到家里父亲检查作业，把你结结实实地揍了一顿。那是算术作业本！

　　唉，自此有好多好多年生活变得怪怪的，幸福着又痛苦着，痛苦着又幸福着。上课就画画，回家就挨打。那狗狗、那牛牛、那猫猫，那画在书角上、书皮后、作业本的旮旮旯旯的所有的可亲可爱的小仔仔们，都知道你为他们挨打，你的屁股厚了，手大了，都与此有关。他们真的知晓你的不易，他们努力地齐心齐意地成长，长得乖乖巧巧，惟妙惟肖，生动活泼，惹人疼爱，以便对得起你被打肿的屁股。同学们都喜欢你的画，给你纸算不了什么，甚至在课堂里飘落过你画的飞机，可惜飞不高，更千不该万不该它落在了老师脚下。老师也喜欢飞机，轻轻捡起，使劲扔向窗外。那飞机划了一道漂亮的弧线，一头栽将下去。

　　回家后又是那一套。

　　说起来这世界真是没理可讲。父亲会画画，画得很好，你从小就看他画，所以你四五岁就画出点样来了，没他的影子？可怎么就会画的打学画的？父亲毕业于天津理工学院化工机械系，是城里人，母亲是农村人，这在你们那叫一头沉。听听这名字你就知道母亲只有劝说的份，一切是打人的人做主。因为父亲信奉的是：学会数理化，走遍天下都不怕。

一年级上课画画；

一年级回家挨打；

二年级上课画面；

二年级回家挨打。

父亲实在愤怒了。某次暴打之后父亲拽着你找到老师，当面授权老师：再见董春玉画画你就撕，不听你就使劲打！老师不傻，他才不想又当老师又当爹，撕了几次就没兴趣了。你上课又不闹，又不揪女同学小辫，管你干啥，老师要操心的事多着呢！

春去秋来，收了麦子种玉米，再不种豆，哪怕是种点茄子豆角也行，反正种瓜得瓜，种豆得豆，可父亲怎么也想不明白，这儿子怎么就油盐不进呢?!怎么骂，你还是画，怎么打，你还是画，如果你功课好那也就睁只眼，闭只眼罢了，谁不知道画画也是一种素质的表现，可你功课一塌糊涂，说回回倒数第一二夸张了，可离这终极目标已然不运了！每次都在前十名，倒数前十名之内！

你不知深浅，没皮没脸，父亲不行!堂堂大学毕业生，吆五喝六的工程师，在南阳也是个有点头脸的人物，你让父亲的脸往哪搁？打，棍棒出孝子，严管出人才。

吼、骂、打！

骂、吼、打！

打！打！打！

父亲实在郁闷：这千古不变的家法咋就不灵了呢？

其实这道理很简单，儿子不再只画猪呵牛呵羊呵，他画课本里的小英雄雨来，鸡毛信里宁死不屈的放羊娃，英勇无畏的小八路，还有单手托着炸药包、不惧粉身碎骨炸碉堡的董存瑞！

你瞧瞧这都何许人？！

还有啥说的？随便挑一个都比父亲强!父亲那点小竹棍、破笤帚疙瘩算啥？

整天生活在这些气冲宵汉，热血如虹，顶天立地的民族小英雄中，谁会是软骨头？懦夫画得出气冲霄汉的英雄？！怎么说也是近朱者赤！更何况那一笔笔要画出人物的精气神，你能不揣摩人物的心，不领悟他的神气，不感受他的万丈豪情？！

再说呢，董存瑞还是你老乡呢，他家离你老家河北沧州，很近很近。

刀尖凝聚着闪烁灯光，拖着浓浓尘烟透迤滋滋前行。怪怪的煳焦味儿一圈